O Violão de 7 Cordas

Teoria e prática

LUIZ OTÁVIO BRAGA

Editado por Almir Chediak

Nº Cat.: OVI7C

Irmãos Vitale Editores Ltda.
vitale.com.br
Rua Raposo Tavares, 85 São Paulo SP
CEP: 04704-110   editora@vitale.com.br   Tel.: 11 5081-9499

© Copyright 2009 by Irmãos Vitale Editores Ltda. - São Paulo - Rio de Janeiro - Brasil.
Todos os direitos autorais reservados para todos os países. *All rights reserved.*

CIP-BRASIL. CATALOGAÇÃO NA FONTE
SINDICATO NACIONAL DOS EDITORES DE LIVROS, RJ

B793v

Braga, Luiz Otávio, 1953-
  O violão de 7 cordas : teoria e prática / Luiz Otávio Braga. - São Paulo : Irmãos Vitale, 2009.
  144p.

  ISBN 978-85-7407-269-2

    1. Violão - Instrução e ensino.
        I. Título.
09-4720.   CDD: 787.3
                                                            CDU: 780.614.333

09.09.09   10.09.09   014984

Editor responsável:
Almir Chediak

Capa:
Bruno Liberati e Egeu Laus

Projeto gráfico, composição e diagramação:
Júlio César P. de Oliveira

Copydesk e revisão:
Nerval M. Gonçalves

Revisão musical:
Almir Chediak e Marcello Gonçalves

Coordenação de produção:
Anna Paula Lemos e Márcia Bortolotto

AGRADECIMENTOS

Este método, dedico

aos violonistas do Brasil: populares, eruditos e amadores, aos que aí estão, aos que estão por vir e aos que já tocam nas plagas outras onde todos um dia estaremos, aos amantes do violão, aos grandes mestres do Choro instrumental e aos grandes sambistas que souberam senti-los – Choro e violão – próximos de seus melhores sentimentos;

a Arlindo Ferreira, meu querido amigo, acompanhador inigualável, e ao mestre de todos nós, Horondino José da Silva;

ao meu querido Raphael Rabello, ao "gênio" de Darly Lousada, Abel Ferreira e Claudionor Cruz;

a Walter Silva e Caçulinha, em nome de todos os nossos contemporâneos;

aos meus queridos companheiros de todos os conjuntos de que participei e de todos os grupos formados no calor da hora para fazer música por este Brasil;

a Frank Justo Acker;

aos meus queridos colegas da Universidade do Rio de Janeiro (Uni-Rio);

aos meus alunos, que me fizeram aprender este método e a editá-lo.

Agradeço sempre a Zenaide e José Barbosa,
a Nena, Rosa, José e Fernando,
a Iracema (as duas), Danilo e Cláudia.

Agradeço especialmente a Franco Lannes, Lucas M. Porto, André Belieni, Manoela Marinho, queridos ex-alunos, que, a meu pedido, contribuíram com muito zelo com algumas transcrições.

E a Almir Chediak, pelo convite e realização deste trabalho.

E a todos (por Deus!), sem exceção.

Rio, agosto de 2001.

ÍNDICE

INTRODUÇÃO 7

MATERIAL DE TRABALHO CONTIDO NO MÉTODO 9

O USO DA DEDEIRA 10

PARTE I – *AS DANÇAS DO CHORO*

Schottish ou xótis   15
Polca   15
Maxixe   16
Choro-canção   16
Valsa   17
Lundu   17
Modinha   18
Samba tradicional   18
Lua branca   19
Os beijos do frade   20
Só para moer   22
Yara   23
Eu quero é sossego   24
Jura   26
Fidalga   28

PARTE II – *ASPECTOS TEÓRICO-PRÁTICOS*

VIOLÃO DE SETE CORDAS – ASPECTOS GERAIS   33

CONDUÇÃO DO BAIXO E BAIXARIA   35

TÉCNICAS DE BAIXARIA   38

ESCALAS E FRASES   41

OUTRAS ESCALAS   59

PARTE III – *TRANSCRIÇÕES*

Vibrações	65
É do que há	68
Urubatã	72
Sofres porque queres	74
O boêmio	77
Receita de samba	78
Noites cariocas	80
Harmonia selvagem	83
Ingênuo	86
Evocação	88
Doce de coco	90
Cuidado, violão!	92
Brejeiro	94
Assim mesmo	96
Interrogando	100
Um a zero	103
Rara inspiração	106
Feitiço da Vila	108
As rosas não falam	110
Festa da vinda	113
Sala de recepção	116
Que é feito de você	118

ANEXOS

ESCALAS MAIS USADAS NA MÚSICA URBANA BRASILEIRA	123
PERFIS IMEDIATOS PARA ACORDES NO VIOLÃO DE SETE CORDAS	131

INTRODUÇÃO

O violão de sete cordas é uma "invenção" dos violonistas feitos na vida artística sob a tutela da música popular de Choro e do samba tradicional – que, espertamente, ao ter seu reconhecimento na vida cultural da nação, se fez no mundo musical também sob a guarda do acompanhamento do velho e bom regional, a orquestra típica do Brasil.

Muito embora a *baixaria* do Choro não possa ser atribuída, como "invenção", aos violonistas, a natureza melódica dos contracantos feitos pelos baixos dos violões a partir do momento em que se fixou o conjunto de choros deve ter suscitado nos violonistas a vontade de estender, um pouco mais para o grave, o baixo cantante descendente, analogamente ao desejo de ter no instrumento a possibilidade de *notas pedais*, à semelhança dos instrumentos de sopro como a tuba, o oficleide ou o trombone. Não sendo propósito deste trabalho uma abordagem musicológica do fato, temo-nos contentado em aceitar a "invenção" do violão de sete cordas na música popular do Brasil como inerente à necessidade virtuosística e inventiva do violonista popular do Choro.

O violão de sete cordas tem tido vários virtuoses, muitos bem conhecidos, outros nem tanto. Tute, contemporâneo de Pixinguinha, bem como China, irmão do grande compositor, aparecem como seus introdutores, pelo menos no âmbito profissional. Depois, todos os conjuntos de Choro trataram de ter o seu sete cordas. Quando Pixinguinha deixou o regional do Benedito Lacerda, Horondino José da Silva (o Dino), então violonista de seis cordas do grupo, assumiu a baixaria e trouxe para o violão de sete cordas tudo o que a aproximação com aquele mestre e sua própria sensibilidade permitiram alcançar. É, com toda justiça, um verdadeiro pilar do instrumento no Brasil. Além de sua indubitável inventiva musical, Dino fixou o violão de sete cordas na cena musical profissional.

Mas, nas minhas andanças de aprendiz e depois já músico feito, pude conhecer sete cordas admiráveis. Alguns deles: Passarinho, os gêmeos Waldir e Walter Silva, Caçulinha, Darly Lousada (genial) e Edson Santos (da Bahia). São da minha geração Raphael Rabello, Alencar (Brasília), Luisinho (São Paulo), Toni 7 Cordas (nesse momento, no Época de Ouro), Josimar Carneiro (do Água de Moringa), Jorge Simas. Nas oficinas de Choro instrumental, que tenho tido oportunidade de realizar pelo país, tenho deixado muitos discípulos, gente de talento que, junto aos que pude citar – peço perdão pelas traições da memória – garantem minimamente uma geração de talentos para os próximos cem anos.

Necessário é esclarecer que o violão de sete cordas não se apresenta como uma simples tomada eventual da tradição, fato menor, corriqueiro em tantas ondas de *revivals* que se banalizam alhures. Tem-se modernizado – termo detestável pelo que pode conter de arrogância ou presunção – no sentido de que as novas gerações se preocupam em não só tocar o repertório "clássico" no qual ele se impõe nobremente como a contrapartida ordenadora do solista principal, mas também arrematar novas maneiras de se introjetar no conjunto típico e em outras formações não exatamente chorísticas. Posso ter contribuído para tal ao "inventar" o violão de sete cordas, com cordas de náilon, **solista**, lá por volta de 1981, quando na Camerata Carioca do grande Radamés Gnattali. Explico: a natureza musical dos arranjos de Radamés Gnattali e o ecletismo do repertório exigiam um violão que "timbrasse" melhor, dentro das composições e arranjos, com os outros dois violões de seis cordas; a formação e a concepção estética exigiam um melhor equilíbrio entre os três violões, transcendendo as funções corriqueiras no regional típico a três violões, cavaquinho e solista. Tal necessidade me fez tomar a iniciativa de melhorar as condições estruturais do meu sete cordas, de modo a que ele respondesse a funções mais eminentemente camerísticas, em correspondência com a qualidade timbrística do primeiro e do segundo violões.

Em 1983, Sérgio Abreu, a meu pedido, construiu um violão de sete cordas com as características e qualidades de um violão de concerto. Daí pra diante, bem-sucedida a experiência quer no âmbito da proposta da Camerata quer no próprio âmbito do tocar tradicional do Choro, Raphael Rabello seguiu-me na iniciativa e esse tipo de encomenda passou a ser feita à balda mormente pelos violonistas da geração de 80 e seus discípulos. O fato é que os grandes construtores de violões deste país – Sérgio Abreu, Suguiyama, Mário Jorge Passos, mais adiante Jó Nunes, José Chagas, agora mesmo jovens como Adriano Sampaio e vários outros – passaram a construir violões de sete cordas.

É assim então que, faço questão de frisar, hoje em dia, temos utilizações mais abrangentes do instrumento: primeiro, o violão de sete cordas **típico**, tocado de dedeira. Nele as duas primeiras cordas são de náilon, da terceira até a sexta são de aço, sendo a sétima um "dó" de violoncelo (sugestão dada a Dino pelo Dutra, um bandolinista amador e grande amigo de Joel Nascimento). Segundo, o violão de sete cordas **solista** – que se ata à natureza de uma sonoridade mais concertante e responde por uma característica da nova geração de violonistas de sete cordas que, normalmente, possuem um amplo repertório solista.

Quando toco Choro tradicional, prefiro o **típico** – é outro instrumento: a natureza dos seus graves, a ausência de qualidade solista nas primas e a necessidade da dedeira implicam uma maneira particular de tocar, de timbrar, de frasear. Ata-se diretamente à tradição das bandas de música, à linhagem do bombardino, do oficleide ou da tuba, seus velhos antecessores. Tem personalidade muito característica no timbre de seus registros médio e grave. O outro, que chamo **solista**, uso-o, sem prejuízo da característica principal, a baixaria, quando se impõem aspectos mais camerísticos ou quando são feitas determinadas exigências – muito em face dos arranjos em que são notáveis os acordes impregnados de alterações[1] – estilísticas que transcendem as funcionalidades tradicionais do regional: outras formações são freqüentemente uma conseqüência desse fato.

Finalizando, o violão de sete cordas, como por mim e alguns colegas tem sido tocado, representa uma tendência nova no instrumento. A geração de 80 resolveu entendê-lo numa completude de competências que tem servido a vertentes tão costumeira e desgraçadamente separadas: à "música de concerto" ou erudita e à música popular.

Este método, intencionalmente escrito na base da tradição do Choro, pretendo que cumpra o destino de abrir mais portas. No mais, achei por bem inventá-lo como forma aberta, para ser criticado e aperfeiçoado.

---

1 Observar o acompanhamento de *Feitiço da Vila*, de Noel Rosa. Ele está escrito à maneira tradicional. Implemente alterações nos acordes e procure manter a levada e a baixaria. A resultante na maneira de executar não fugirá da tradição, muito pelo contrário. Ela está presente, por exemplo, em Raphael Rabello e Maurício Carrilho, só para citar dois músicos que, como eu, implementaram conscientemente essa maneira de tocar.

MATERIAL DE TRABALHO CONTIDO NO MÉTODO

O método está construído em três seções: a primeira, *danças do Choro*, visa a introduzir o estudante no universo prático de danças, constitutivo do Choro instrumental. A experiência de tocar polcas, lundu, *schottish*, valsas, maxixe, choro-canção costuma ser muito gratificante, preparando o aluno para a tarefa de entender com melhor espírito a "teorização" necessária para um aprendizado mais bem fundamentado; a segunda é a "teorização", na verdade um conjunto mínimo de informações sobre a técnica de baixaria (tipologia), papel do sete cordas e da baixaria no conjunto de Choro, pequenos motes-exercícios para mão esquerda e direita (com e sem dedeira), mais um conjunto mínimo de escalas, *ligados* ascendentes e descendentes, exercícios de frases e cadências típicas (como nas "chamadas" e/ou "obrigações"), sendo que as *levadas* básicas já foram explicadas na seção anterior; na terceira seção temos, verdadeiramente, o ponto culminante do trabalho. São as transcrições baseadas nas gravações que se celebrizaram no repertório do Choro. Nela, muitas, a maior parte, são baseadas em gravações de Dino 7 Cordas (Horondino José da Silva), que, fora o seu talento inegável de instrumentista, foi o fixador do violão de sete cordas no cenário profissional da música popular brasileira. (Este método se constitui, inevitavelmente, numa dívida de gratidão para com ele e seus contemporâneos mestres.) Tais transcrições, bem como outras às quais o aluno deverá se acostumar a fazer, são o "repertório de estudo", numa medida semelhante à que o repertório solista representa para o violonista da música de concerto. Elas colocarão o estudante diante dos problemas e das dificuldades a serem superados, das necessidades de aprimoramento da técnica, enfim, das soluções a serem alcançadas para uma execução segura, bem fundamentada nos formantes do estilo.

Um corpo de anexos acompanha o trabalho: perfis característicos usando a sétima corda como baixo mais inferior (bordão) e um conjunto de escalas de acordes aplicáveis ao universo harmônico do Choro instrumental tradicional.

Finalmente, quero chamar a atenção para uma limitação estrutural deste trabalho: minha experiência acusa que o aprendizado do sete cordas ocorre, via de regra, após uma iniciação algo significativa no violão de seis cordas comum. Prefiro, portanto, trabalhar a metodologia como extensão do estudo que normalmente é feito para o violão de seis cordas, privilegiando o violão de sete cordas que denominei de **típico**. Assim, determinados exercícios que se encontram, à balda, nos métodos de ensino de violão podem e devem ser utilizados aqui, mas não farei menção a eles. Por exemplo, exercícios de "apontamento" (mão esquerda), arpejos, arpejos por extensão etc. Não abro mão apenas dos exercícios para a técnica de ligados, uma característica quase estrutural do violão de Choro. Assim, este método procura, em primeiro plano, fixar um lugar de memória para uma tão rica tradição violonística brasileira, sem negar espaço para o seu potencial desenvolvimento, possibilitando a cada vez, no tempo, sua reinvenção.

O USO DA DEDEIRA

Tradicionalmente o violão de sete cordas é tocado com a dedeira. Feita de material plástico ou metal, constitui-se no verdadeiro elo com certos estilos e maneiras de acompanhar mais antigas, levadas inclusive, implicando portanto uma maneira toda especial de tocar. É importante lembrar que a música de choro, eminentemente acústica, provém da tradição do século XIX, em que ausentes ainda estavam as técnicas da música eletrificada – não existiam ainda o microfone e muito menos a amplificação via captadores. Dino 7 Cordas, Bola Sete, Arlindo Ferreira, Carlos Lentine, César Faria e tantos outros são músicos que descendem diretamente dessa tradição. Fora do espaço do estúdio de gravação, suas atividades de acompanhadores incluíam circos, pavilhões, festas, espaços públicos nos quais, mesmo com a presença então incipiente do microfone, parcas eram as possibilidades de amplificação. A dedeira, oferecendo uma projeção sonora mais intensa do que o simples tanger de dedos da mão direita, era, além de equipamento do estilo, oportunamente necessária. Nesse sentido, justificando a história, amoldavam-se técnica e necessidade. Analogamente aos requisitos do canto potente, estilo dó-de-peito de um Francisco Alves, Vicente Celestino, a dedeira possibilitava ao violonista tirar som de uma maneira mais pujante. Ao violão que denomino *típico* é praticamente indispensável o uso da dedeira. Ela fundamenta uma maneira toda especial de tocar.

Movimentos com a dedeira

A rigor, a ponteira da dedeira é movimentada apenas no sentido "de cima para baixo", ou seja, no sentido que vai da sétima corda para a primeira; quero dizer com isto que, via de regra, não é costume entre os sete cordas o movimento similar ao de uma palheta (cima/baixo, baixo/cima), como no bandolim; cada uma das notas, se não as ligamos, é articulada apenas uma vez. As exceções *confirmam a regra*: é o caso dos irmãos Walter e Waldir Silva, dois virtuoses do instrumento que executam o movimento assemelhado ao de uma palheta, para baixo e para cima; para isso, no momento de uma baixaria mais rápida, seguram a ponteira da dedeira como normalmente se segura a palheta.

Dependendo das características dos violonistas, pode-se tocar "com apoio" ou "sem apoio", isto é, o polegar apóia-se ou não na corda imediatamente abaixo. Todavia, em movimentos de baixaria do tipo *arpejada*, e no sentido "de cima para baixo", tocar apoiado é a prática freqüente.

Exemplo:

Apoiando a dedeira...

No exemplo anterior, experimente apoiar o polegar. Para cada acorde, a partir do **E7** até o **D7**, o movimento da dedeira comporta um gesto só, abarcando três cordas consecutivas. Identicamente, observe que, se o movimento oferece um "desenho" de acorde conhecido, como aqui (dó-mi-sol), *arme* o acorde e execute então o arpejo:

Apoiar...

Eis outro exemplo em que se deve "armar" o acorde **G7**. Compare os dois casos, *armando* o acorde e *não armando*. Um outro caso em que se recomenda *armar* o acorde é na introdução do choro de Anacleto de Medeiros, intitulado *O boêmio*, presente nas transcrições que compõem este trabalho. Confira:

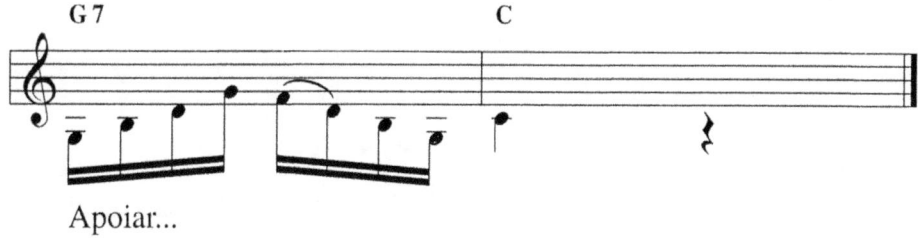

Apoiar...

Quando se trabalha com um violão com as características daquele que Sérgio Abreu construiu para mim em 1983, eu então fazia parte da Camerata Carioca – qual seja, encordoado com as sete cordas em náilon, nos padrões do violão de concerto –, a técnica empregada que sugiro é a *oficial*. Nesse caso, embora o movimento do polegar nas partituras de Choro continue a ter destaque nas baixarias, uma digitação envolvendo mais participação do conjunto *p, i, m, a*, da mão direita pode ser usada, além de sempre oportuna.

Exemplificando, seja o seguinte trecho de *Ainda me recordo*, de Pixinguinha. Na primeira maneira, somente o *p* é usado, lançando-se mão (ou não) de ligados. Na segunda, preservadas as cordas e mão esquerda, usa-se a alternância de dedos *i, m* da mão direita; na terceira, a mão direita opera alternando *p, i*. Enfatizo que a primeira maneira é muito usada quando adotada a dedeira. Para um desenvolvimento equilibrado, sugiro que, ao estudar escalas, o músico se exercite com todas as combinações indicadas.

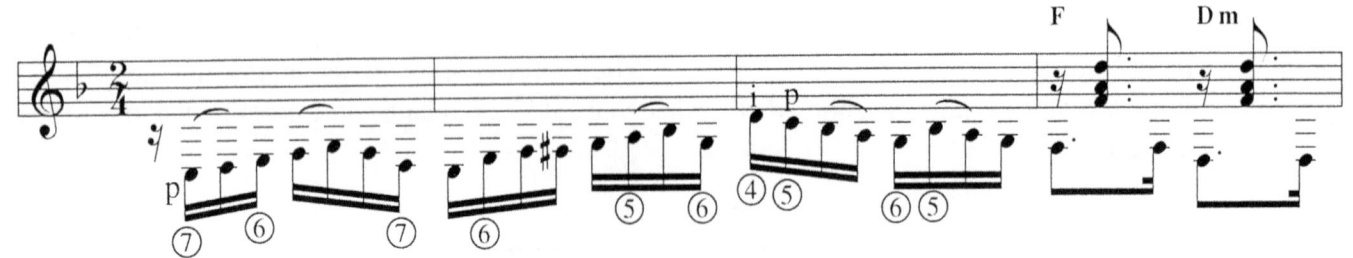

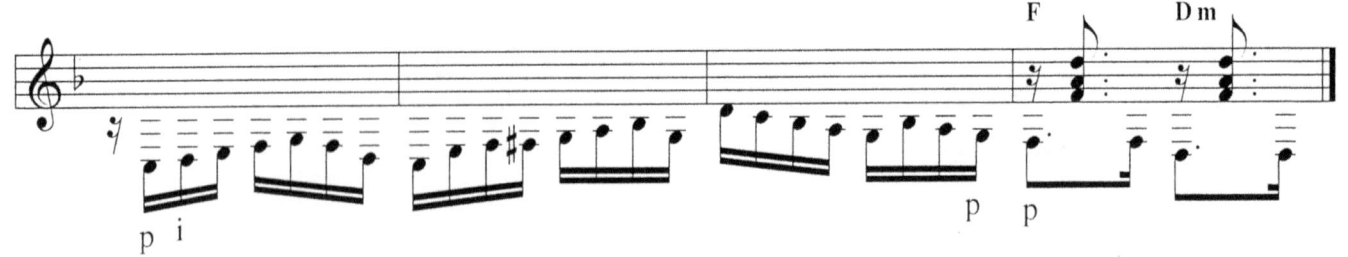

O capítulo seguinte apresenta as "danças do Choro".

A manifestação primordial, formativa, daquilo que redundaria na primeira expressão eminentemente brasileira em termos de música – o Choro – passou pelo processo inteiramente característico, a base de violão, flauta e cavaquinho, de se tocarem danças de procedências européias. É assim que polcas, habaneras (procedentes de Cuba e Haiti), *schottish*, mazurcas, valsas, ligados às antigas manifestações da modinha e do lundu, este de origem africana, remeterão diretamente ao Choro brasileiro. Participar de uma roda de Choro é encontrar um vasto repertório dessas danças nacionalizadas e, claro, tocar esse gênero, que, segundo Radamés Gnattali, é imensamente devedor a Pixinguinha.

O primeiro estágio, creio, para iniciar-se nesse estilo, nessa forma de execução, é saber acompanhar essas danças que, na falta de título melhor, denomino *danças do Choro*.

PARTE I
As danças do Choro

Schottish ou xótis

Nesse estilo as colcheias deverão ser tocadas, cada duas, como "colcheia pontuada" seguida de "semicolcheia".

Polca

A polca brasileira, na opinião de Bruno Kiefer, músico e compositor gaúcho, resulta da combinação, na rítmica, da habanera e da polca alemã, sendo seus contornos melódicos e sincopados oriundos da tradição do lundu. Originalmente lenta, a polca brasileira remete ao Choro.

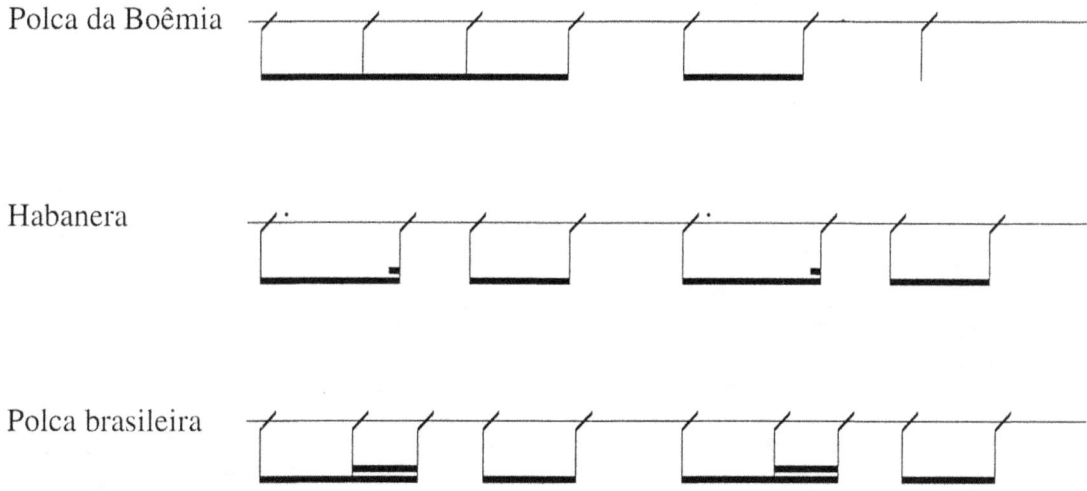

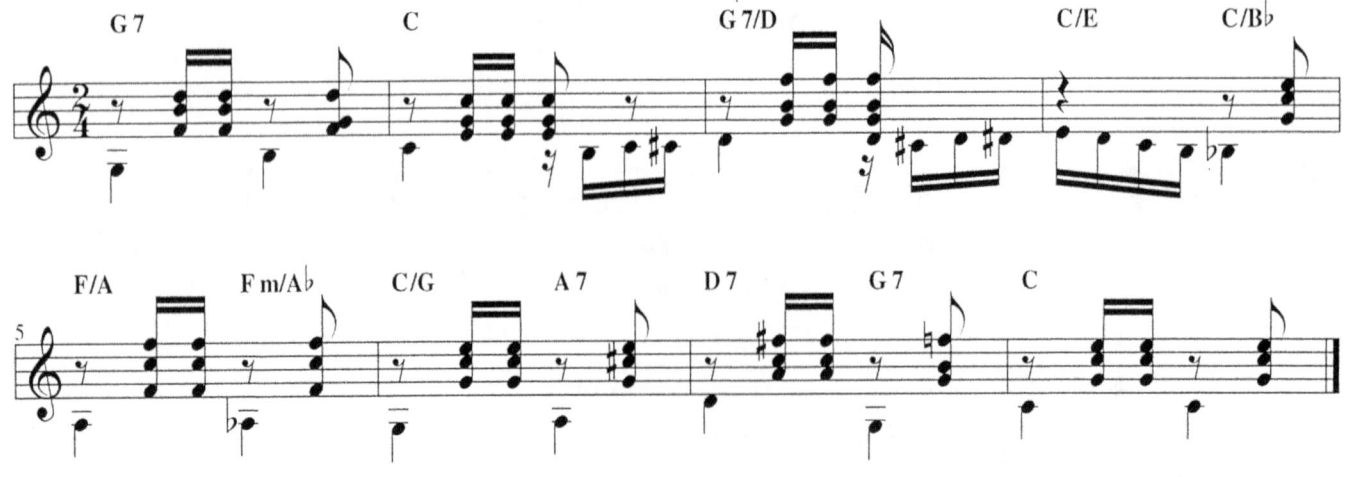

Maxixe

Dança urbana que Mário de Andrade supõe ter começado por volta de 1870, o maxixe está na origem da moderna música urbana carioca. Seu caráter de dança levou-o a se aproximar e a influenciar os demais gêneros de música urbana do século XIX, inclusive o samba urbano que reinaria a partir da segunda década do século XX.

As semínimas nos baixos deverão ser tocadas com *staccato*, obtendo-se por isso uma duração de colcheia. Esse *staccato* deve ser obtido pela retirada sutil da pressão da mão esquerda sobre as cordas.

Choro-canção

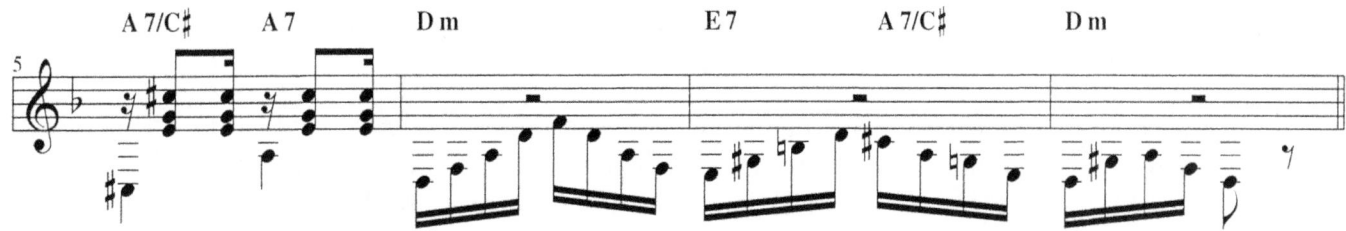

O grupamento abaixo é de capital importância para a compreensão daquilo que define o gênero Choro. Considero tal figura rítmica uma "fórmula de recorrência". Ela pode ser tomada como fórmula de acompanhamento do Choro-canção, bem como permite, de modo geral, um "centro" inicial para qualquer modalidade de Choro e afins. É fato comum encontrá-la, ainda que "disfarçada", num grande número de outras manifestações musicais da música urbana e popular brasileira.

Cumpre observar no acompanhamento anteriormente exemplificado a terminação feminina (no segundo tempo do compasso), uma característica estrutural do Choro.

Valsa

Acima estão sugeridas seis maneiras de conduzir ritmicamente o acompanhamento violonístico para a valsa. Atente para o *staccato* exigido nas três últimas sugestões.

Lundu

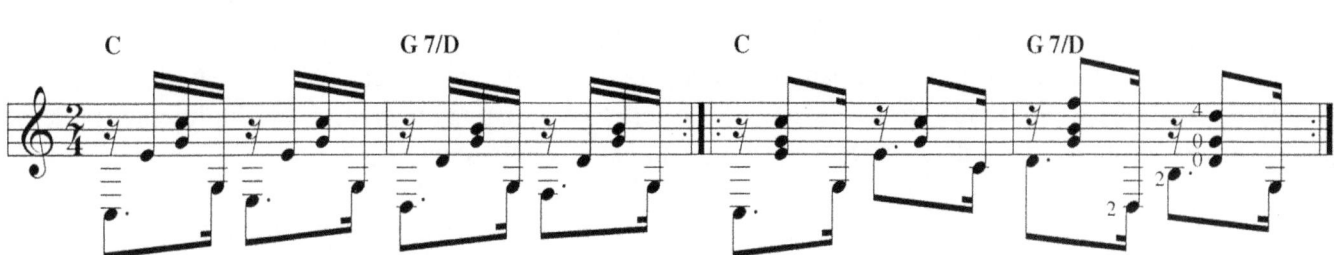

Modinha

Forma com o lundu o par consignador do início de uma música verdadeiramente nacional brasileira. A fórmula seguinte se presta ao acompanhamento de grande variedade de modinhas, bem como se aplica às serestas. Cabe bem lembrar que essas formas de acompanhamento da modinha ligam-se à polca e ao *schottish*, se bem observado.

Samba tradicional

Antecipação

A antecipação que ocorre estruturalmente de dois em dois compassos poderá ser realizada: na parte "i" da puxada da mão direita, de preferência, ou ainda na parte "a, m, i" e mesmo no baixo.

A seguir estão transcritos acompanhamentos para cada uma das danças até aqui estudadas. Creio ser este o melhor caminho para uma iniciação. Se o leitor os julgar num nível ainda incipiente, poderá passar para o conjunto maior de exercícios e acompanhamentos do restante do livro.

Lua branca
Da opereta *Forrobodó*

Modinha

Chiquinha Gonzaga

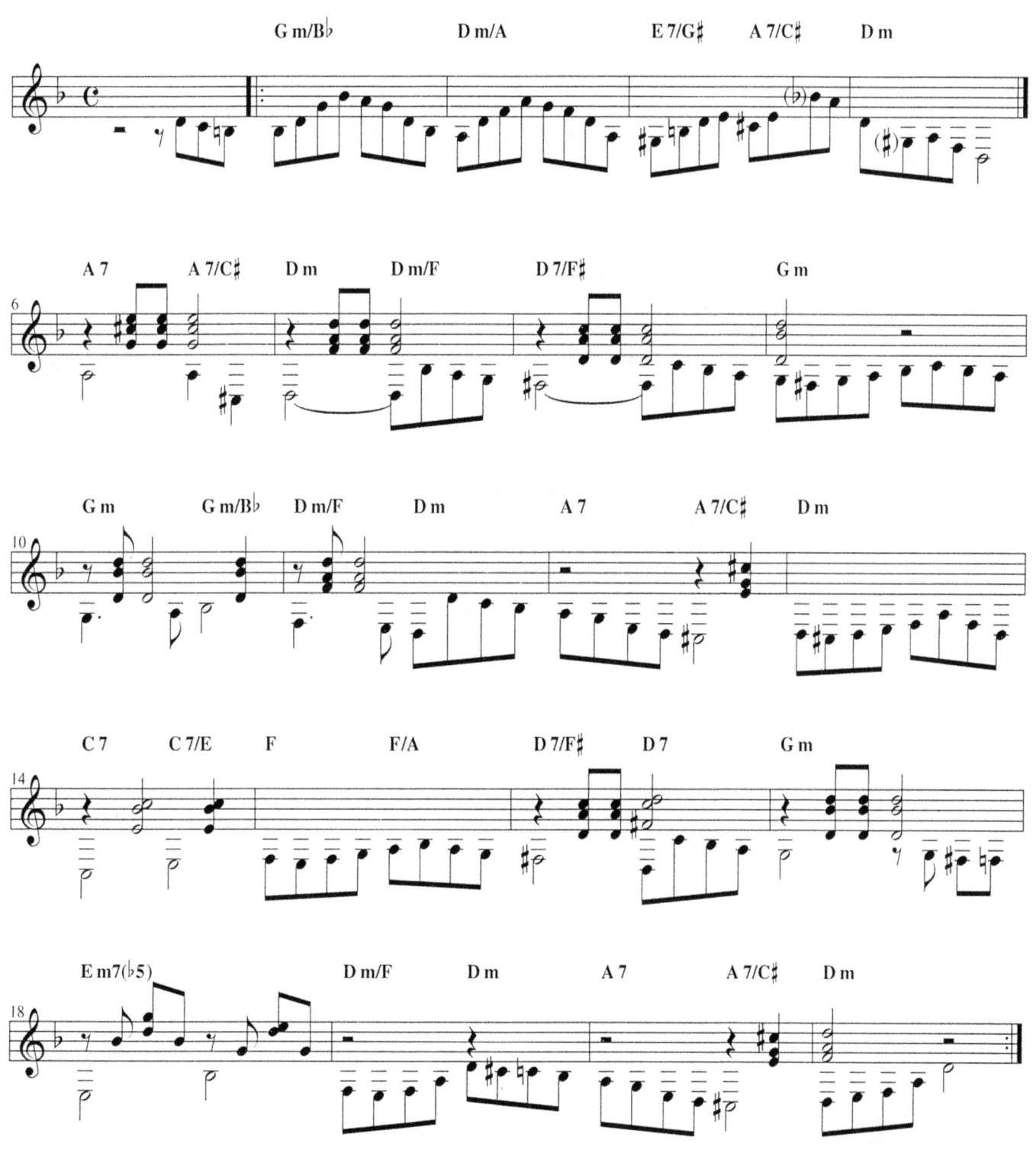

Os beijos do frade

Lundu

Henrique Alves de Mesquita

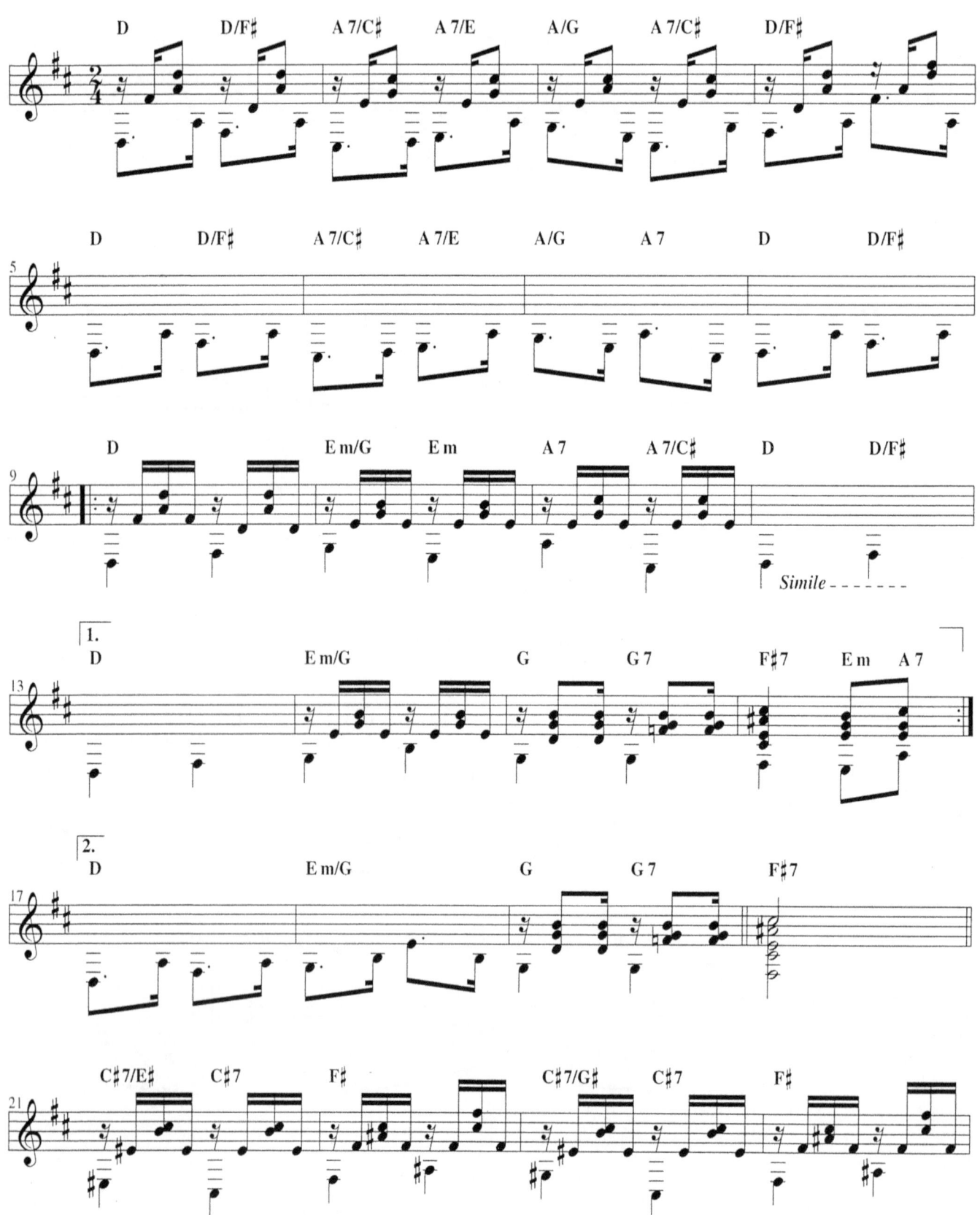

O Violão de 7 Cordas

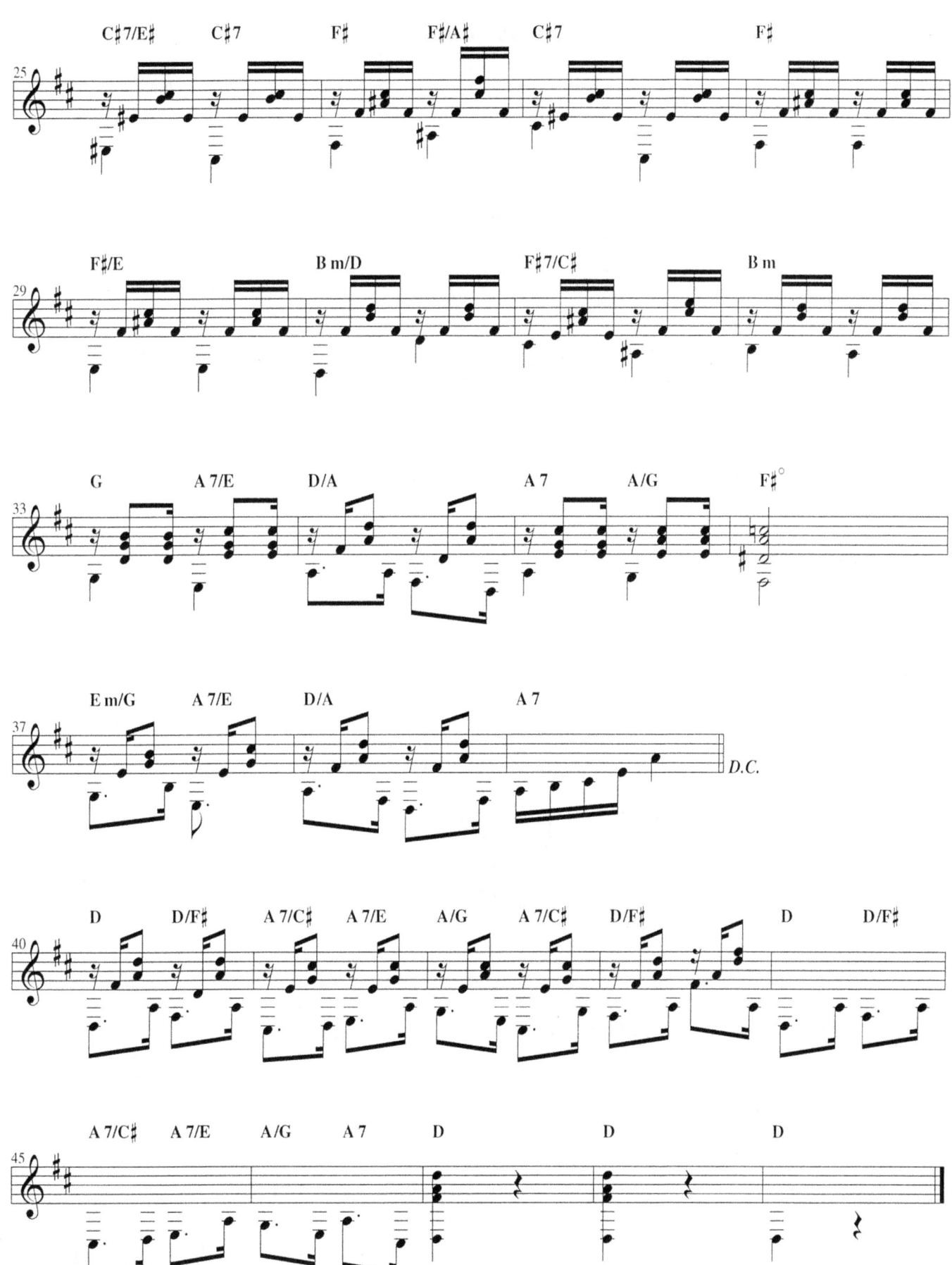

Só para moer

Polca

Viriato Figueira da Silva

Yara

Schottish *Anacleto de Medeiros*

Eu quero é sossego

Choro-canção

Sebastião de Barros (K-Ximbinho)

O Violão de 7 Cordas

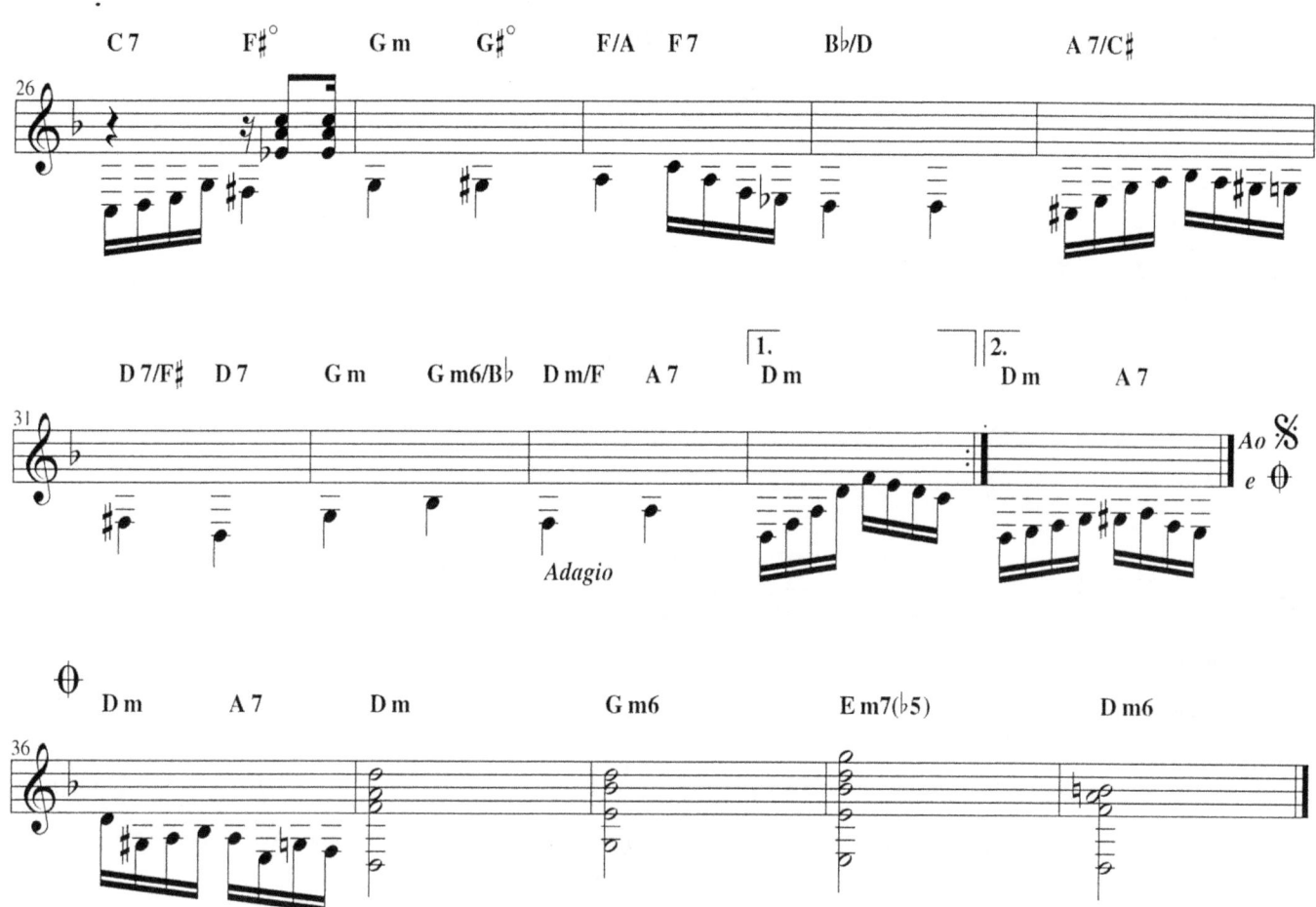

Jura

Maxixe

J. B. da Silva (Sinhô)

O Violão de 7 Cordas

Fidalga

Valsa

Ernesto Nazareth

O Violão de 7 Cordas

PARTE II
Aspectos teórico-práticos

VIOLÃO DE SETE CORDAS – ASPECTOS GERAIS

Agora que você já é um iniciado, acompanha alguns choros-canções, *schottishes*, polcas e valsas, e tem, portanto, uma boa idéia das funções desse instrumento, é preciso observar que os fundamentos seguintes são importantes e visam a aperfeiçoar a execução, tornando-a mais rica musicalmente; para cada um deles, você deve "inventar", com seu professor ou um amigo, um exercício que possa ser realizado a partir de uma cifragem já dada ou conhecida.

1. Violão de sete cordas: o *contínuo* na música popular.

A baixaria do sete cordas é o elemento dinamizador das partes componentes do conjunto de Choro. É responsável, como na música barroca, pela *continuidade* na partitura, impulsionando as partes componentes sempre "para a frente", no tempo de seu transcurso. Ouça, a título de aplicação, a partitura do choro de Luiz Americano *Assim mesmo* e *Receita de samba*, de Jacob Bittencourt, gravações de Jacob do Bandolim com o Conjunto Época de Ouro. Observe a atividade do violão de Horondino José da Silva, o Dino.

2. O caráter *staccato*, abafado, "tuba", da semínima anotada como baixo.

As semínimas, nas linhas do baixo, são tocadas com maior freqüência com um pouco de efeito *staccato*. Suas durações, portanto, não são integrais e estariam no limite da colcheia. Nesse caso, a própria mão esquerda "corta" a duração indicada na partitura, pela retirada sutil da pressão da mão. Da mesma forma, semínimas indicadas em *pizzicato* são interpretadas como colcheias, ao que os violonistas chamam de "efeito tuba". A rigor, não se indica, na partitura, o que fazer, estando a oportunidade de uma ou outra ação a critério do violonista.

Exemplo: a linha do choro *Murmurando* (Fon-Fon), que vai de **Dm** a **Gm/B♭**.

3. A necessidade de completar a levada.

A baixaria, tanto quanto possível, não deve sugerir "esvaziamento" da densidade do acompanhamento. Pelo contrário, cantor e solista querem, na maior medida possível, estar bem amparados pela progressão harmônica, em suma, "ouvir os acordes" permanentemente; enfim, ter-lhes garantida a estrutura rítmico-harmônica. Isto significa que os espaços entre uma nítida intervenção da baixaria devem ser imediatamente preenchidos pela "levada", a baixaria se inserindo, pois, numa impressão de *não-interrupção* da progressão dos acordes acompanhantes. Isto se aplica especialmente quando o violão de sete cordas é o único instrumento de harmonia da base de acompanhamento.

Exemplos: a linha de semínimas do *Murmurando*; colcheia pontuada-semicolcheia; semicolcheia, pausa seguida de duas semicolcheias; colcheia seguida de duas semicolcheias.

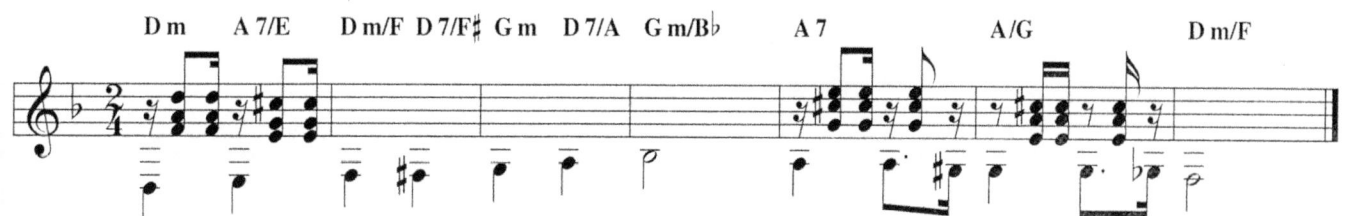

Observe no exemplo que aquilo que denominamos "fórmula recorrente" completa, na mão direita, as semínimas (exemplificadas no primeiro e quinto compassos) analogamente à colcheia pontuada seguida de semicolcheia do quinto e sexto compassos. Veja que no sexto compasso há uma pequena variação da levada (colcheia + duas semicolcheias, derivadas da "fórmula" da polca).
Agindo assim, a presença do sete cordas no acompanhamento será densa. Conforme afirmamos, as semínimas são tocadas com *staccato*, suas durações no limite de colcheias. Pode-se usá-las também em *pizzicato*.

4. Ao tocar nos conjuntos de Choro ou nos grupos de samba dotados de cavaquinho e pelo menos mais um instrumento de harmonia (o acompanhamento possui, por exemplo, outro violão ou piano), o sete cordas fica mais livre e pode abrir mão do rigor sugerido anteriormente no item 3.

5. A cifra, tanto melhor se estiver conduzida em relação à melodia, os baixos de chegada sendo aqueles de melhor efeito para a condução do baixo harmônico. No entanto, como o Choro não segue as regras de rigor do sistema tonal – embora, enfatize-se, siga-lhe as leis –, o violonista tem toda a liberdade para, ao sabor da boa frase improvisada, ficar livre da obrigatoriedade da condução. Isto no entanto deve ser evitado em progressões nas quais há uma direcionalidade iminente, que se torna, pois, indispensável. Os melhores exemplos disso estão nas linhas (cromáticas/diatônicas) ascendentes e descendentes de várias composições do estilo. O *Odeon*, de Ernesto Nazareth, pode servir como apoio mnemônico.

6. Há baixarias que nascem com a composição e dela não devem ser sacadas, a não ser que um plano geral muito diferente do original seja construído. Soa ruim tocar, por exemplo, o *Ainda me recordo* ou o *Urubatã* sem as "obrigações" escritas por Pixinguinha quando da concepção da peça.

7. A técnica da "pergunta-resposta" encontrável nos baixos do Dino; ver, por exemplo, o *Harmonia selvagem*.

8. O baixo, por ser o dinamizador do movimento das partes, quase nunca fica estático, revezando-se as inversões. Agindo assim, estaremos sempre produzindo uma "linha" com certo contorno melódico na região; daí que **ter o completo domínio dos acordes e suas inversões é fundamental para a boa execução**. Esses "perfis" acórdicos encontram-se na parte de anexos deste método.

9. A formulação das baixarias em terceiras ou sextas a dois violões é uma característica marcante do Choro tradicional. Tome-se como exemplo a partitura de acompanhamento do *Cuidado, violão!*, choro de José Toledo, incluída como exercício neste método. Quando o conjunto de Choro possui três violões, a baixaria a três vozes distintas deverá ser escrita preferencialmente em acordes cuja interválica é, da voz mais grave para a mais aguda, 4ª - 3ª, correspondendo, na cifragem clássica da harmonia vocal, ao acorde de quarta e sexta. É de bom efeito o uníssono das partes nos violões, a escritura em oitavas e a escritura em terceiras ou sextas, sendo uma das vozes oitavada pelo violão que toca no registro mais agudo.

CONDUÇÃO DO BAIXO E BAIXARIA

O baixo do acompanhamento do Choro, precisamente o violão de sete cordas, estabelece uma relação de caráter duplo com a melodia principal. Em primeiro lugar, procura-se estabelecer o "melhor estado de inversão" dos acordes na harmonia dada relacionada à melodia principal. Pode-se supor o baixo minimamente sujeito às regras do estilo harmônico/contrapontístico mais severo. Nesse caso, em que se está fora das circunstâncias improvisatórias tão comuns ao estilo, é bom *evitar-se o mau efeito de oitavas consecutivas entre melodia e baixo*. Isto se justifica em função do caráter eminentemente tonal dos Choros. O baixo, a semelhança do **baixo contínuo** barroco, impulsiona todo o conjunto para a frente, como que num único fôlego; daí que não insistir mais que dois tempos seguidos na mesma nota – a não ser nos efeitos de *pedais* – é de capital importância para a mobilidade da linha. A alternância dos estados de inversão, por si só, já indicará uma direcionalidade à linha assim constituída. Por isso, ao violonista de Choro – e do samba, pois – é tarefa inicial fundamental o conhecimento e a habilidade no uso das tríades e acordes de sétimas e sextas e suas inversões. O resultado desse trabalho insinuará uma linha de melodia no baixo que, em certa medida, concorre (contrapontista) com a melodia principal. Em segundo lugar, o baixo poderá assumir o caráter de contraponto – não no estilo severo, palestriniano ou devedor a Fux –, sujeitado à inventiva que é, por sua vez, diretamente dependente do conhecimento que se tiver do estilo, o que para tal é imprescindível ouvir e "copiar" os grandes violões de baixaria de um Dino 7 Cordas, Raphael Rabello, Walter Silva e tantos outros, e, imperdível, transcrever o saxofone tenor do Pixinguinha contraposto à flauta de Benedito Lacerda. Este segundo caráter configura, de modo mais verdadeiro, aquilo que corriqueiramente chamaríamos de baixaria – posto que liberto de regras do estilo harmônico/contrapontístico tradicional – e que este método principia por delinear caminhos para um aprendizado quase formal.

A boa baixaria ata-se, portanto, a esse duplo caráter: boa condução baixo/melodia, já indicando uma direcionalidade, mais o caráter de melodia imposta como contrapartida da melodia principal. A baixaria, sendo costumeiramente vista como os momentos "mais vistosos" da linha total do baixo – que impele sempre o conjunto para a frente –, deve ser elaborada com base nas regras aqui fornecidas e, principalmente, a partir das "cópias" e "obrigações" constantes do repertório tradicional e, de modo geral, acionadas nos momentos em que: **1)** encerra-se uma parte ou a peça toda; **2)** nas "viradas" (ou "chamadas") de partes e pontos de retorno; **3)** nos momentos em que a melodia principal faz pausa ou se mantém pouco ativa (notas longas) e nas soldaduras; **4)** nas "obrigações", que são baixarias corriqueiramente consagradas por arranjos ou que são inerentes à composição original. É claro que em vários momentos da peça, que não os acima citados, a baixaria pode (e deve) se insinuar. Eu diria que, em geral, o estilo do CHORO pressupõe um caráter *polimelódico* entre as partes envolvidas, tal palavra se impondo melhor que o termo *contrapontístico*, que estaria mais sujeito à crítica da escola clássica formal.

Na partitura a seguir, observe que:

a) o baixo movimenta-se a partir da cifragem indicada;
b) a linha do baixo é independente da melodia e se constitui numa outra;
c) a alternância de inversões não precisa ser necessariamente indicada na cifragem;

d) este exemplo é, por excelência, aquilo que eu chamo "linha do baixo", de caráter menos movimentado do que uma "baixaria" propriamente dita.

A mesma melodia teve agora a sua linha do baixo desenvolvida e, observe:

a) as notas de chegada do baixo são as indicadas na cifragem;
b) em face do caráter pouco movimentado da melodia principal, a "baixaria" se manifesta com mais dinamismo;
c) observe os procedimentos usados na "baixaria" e suas reiterações.

Cumpre observar que a chegada na nota do baixo indicada na cifragem não é obrigatória, salvo orientação exterior, como no caso de um arranjo no qual o arranjador resolve "segurar" um pouco mais o violão de baixaria.

Cabe ao violonista, ao realizar a baixaria, observar as relações melódicas, o caráter geral da linha melódica, a fim de poder construir um conjunto dinâmico com a melodia.

Sugestões

1) Reorganizar a cifragem dada (até mesmo rearmonizar, se for o caso), tendo observado bem os estados de inversão a serem usados;
2) Observar os pontos: fins de partes e retornos; pontos de "obrigações"; cesuras e ligações melódicas e momentos de pouca atividade melódica (melodia principal). Aí se instaura, com grande probabilidade de sucesso, a baixaria;
3) Ser parcimonioso nas ligações (pequenos movimentos no baixo) entre os acordes, usando pequenas estruturas rítmicas atinentes ao estilo (ver o *Assim mesmo* ou o exemplo sugerido em *Noites cariocas*);
4) Ater-se às levadas, colocando o sete cordas a serviço da estrutura geral;
5) Preferir o contraste à superposição (baixo + melodia).

Nota geral

O sentido de continuidade exigido ao violão de sete cordas pode ser alcançado pela elaboração de pequenas células rítmicas, pequenas "pontes" entre o baixo de um acorde e o próximo, na progressão harmônica. O melhor exemplo que posso dar neste momento é o acompanhamento elaborado por Horondino Silva em *Receita de samba* e o de Raphael Rabello em *É do que há*, ambos dados como exercício neste método. Observe como cada pequena "ponte" é reiterada antes que uma nova ocorra. Cada nova elaboração é repetida e as antigas, antes que ocorra uma nova, são relembradas. Creio que esta idéia seja de grande utilidade para o iniciante, e mesmo para o violonista já experimentado, por propiciar unidade no acompanhamento.

Realizar uma boa baixaria é menos a superpopulação a torto e a direito de semicolcheias – simbiose de exibicionismo irresponsável e virtuosismo equivocado –, atropelando o discurso das partes, do que realizar esse *contínuo* exigido pela tradição. Nesse sentido, saber esperar o momento exato em que um movimento mais inflacionado de notas é exigido ou oportuno – e que fará muito mais efeito, operando por contraste – é fundamental. Cumpre frisar que, nessas duas gravações, se dá um exemplo quase raro em que a base harmônica do regional "deixa" o violão de sete cordas inteiramente livre.

TÉCNICAS DE BAIXARIA

Princípio básico: movimento melódico entre baixos de acordes sucessivos.

Tipologia: diatônica/escala do acorde, cromática, arpejada, mista e variada ou florida.

Baixaria diatônica/escala do acorde: contém apenas notas de escala no espaço sonoro entre os baixos de acordes sucessivos, compondo, pois, um fragmento de escala diatônica *latu sensu* ou escala de acorde.

Exemplo fragmento escalar diatônico:

Exemplo fragmento de escala do acorde de **E7**:

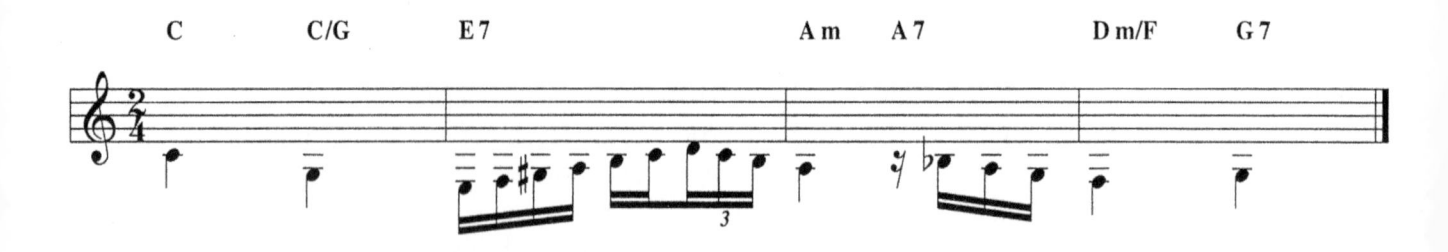

No exemplo acima, a música, estando em dó maior, alcança a região de dominante do tom do sexto grau (lá menor). A escala escolhida foi a de lá menor harmônica. Poderia ter sido também escala menor melódica (com fá♯). Procure nos anexos um resumo sobre escalas de acordes.

Baixaria cromática: inclui uma ou mais cromatizações na linha de baixaria. Caracteriza-se, portanto, por ser um fragmento de escala cromática no espaço sonoro entre os baixos dos acordes sucessivos.

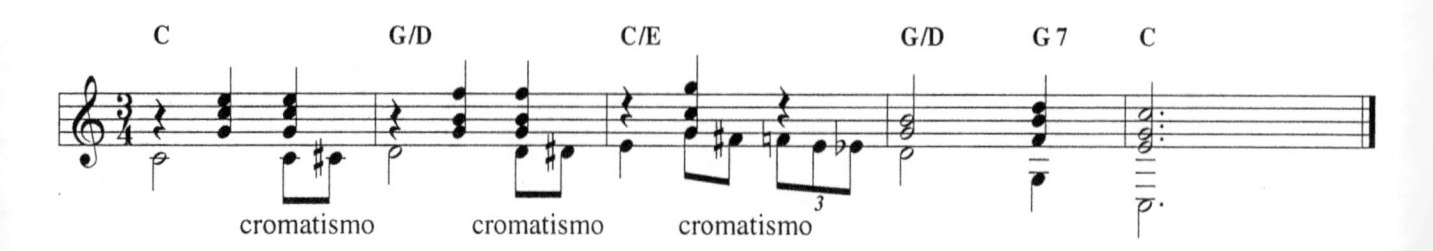

Baixaria arpejada: a passagem entre os baixos da harmonia é feita pelo recurso do arpejo do acorde.

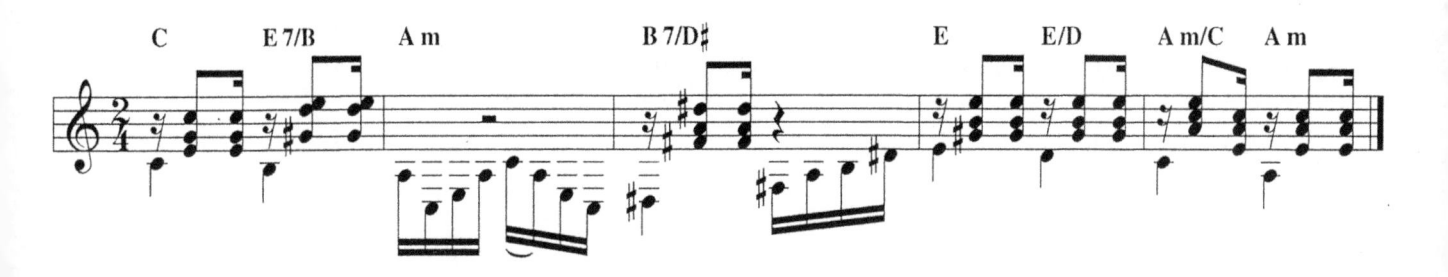

Observe o arpejo completo da tríade de **Am** e da tétrade **B7** no segundo e no terceiro compassos.

Baixaria mista: a linha do baixo pode congregar no mesmo movimento os três tipos anteriormente descritos.

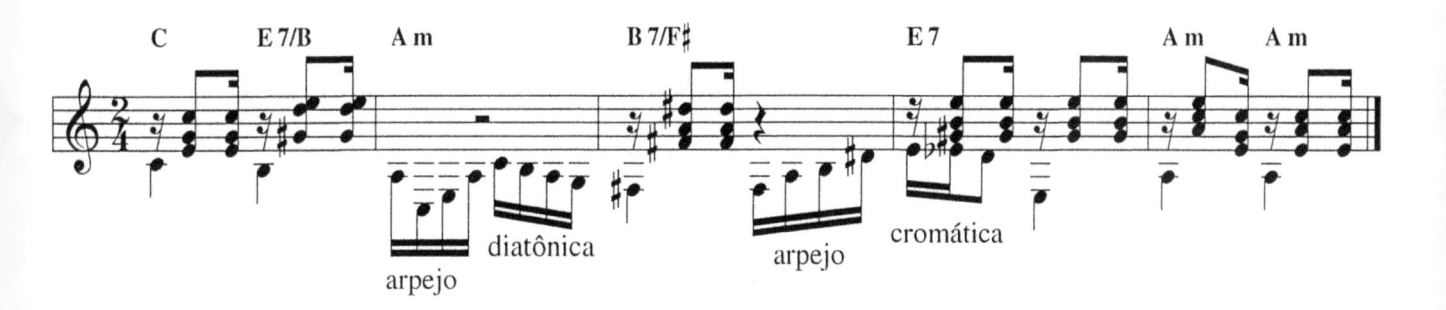

Baixaria variada ou florida: inclui nos tipos básicos acima descritos as notas melódicas da análise clássica,* quais sejam, **bordaduras, apojaturas, escapadas, antecipações. Notas de passagem**, tanto diatônicas quanto cromáticas, já foram levadas em conta na tipologia básica.

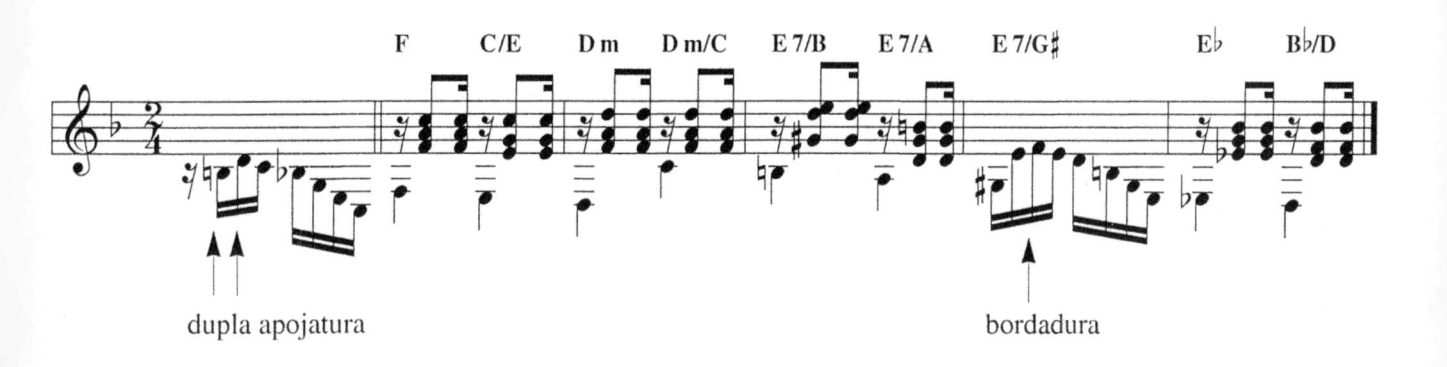

---

* Ver Hindemith, Paul. *Harmonia*, vol. I. Rio de Janeiro: Editora Ricordi, 1979.

Observe na anacruse (considerando-se subentendida a nota dó onde se tem a pausa de semicolcheia) as duplas bordaduras si e ré para a primeira nota de acorde dó. Logo adiante a nota fá é uma bordadura superior para a nota de acorde mi. O trecho acima se refere aos primeiros compassos da composição *Ingênuo*, de Pixinguinha (Alfredo da Rocha Viana). Em ambas as baixarias, recursos de variação melódica dão um colorido especial ao fraseado arpejado do baixo do violão.

Outro exemplo:

A flor amorosa – J. Calado

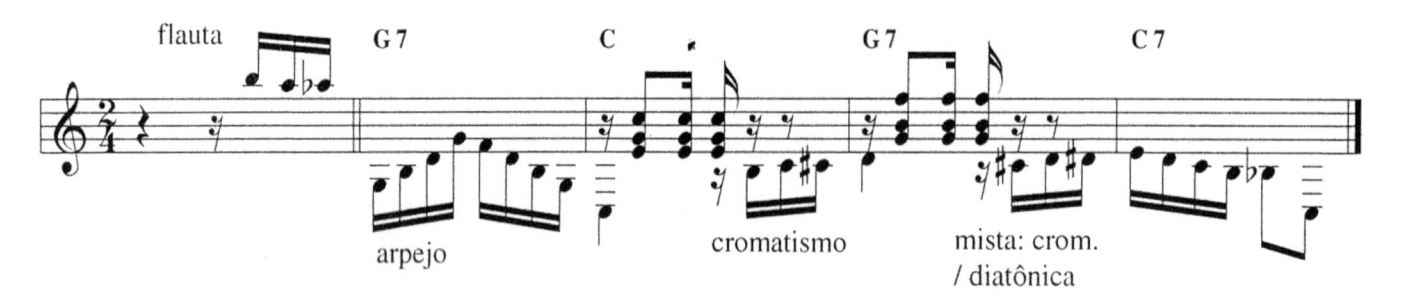

ESCALAS E FRASES

Os modelos de escala que se seguem poderão ser estudados **com** e **sem** dedeira. Ao serem estudados sem a dedeira, sugiro que sejam cumpridas as normas comuns de estudos de escala, isto é, o violonista deverá exercitar-se usando todas as combinações de duplas de dedos da mão direita, **com** e **sem apoio**, e, de preferência, ainda usar a fórmula a três dedos (*m, i, a*; *m, i, a*; *m, i, a*; e assim por diante). Fora esta última fórmula, em todas as outras alterne o dedo da mão direita que a inicia. Por exemplo, ao usar o par *i, m*, ora comece a escala com o *i*, ora com o *m*. Para exercitar o *polegar*, toque as escalas somente com o *p* até a quarta corda e, a partir da terceira corda, siga com uma das duplas *i, m*; *m, a*; *i, a*; *p, i*; *p, m*; *p, a*.

Ao utilizar a dedeira, use a fórmula *p* (isto é, somente o dedo polegar) e também *p, i*; *p, m*; *p, a*. Essas fórmulas são fundamentais para a boa execução das baixarias. Dependendo da velocidade dos trechos a serem tocados, nem sempre será possível tocar as baixarias somente com o *polegar*, que é, em princípio, o dedo a ser tomado por nós como mandatário para a execução das frases.

Os exercícios compostos a partir de frases consideradas estilísticas deverão ser objeto de cuidadosa observação no que diz respeito a sua melhor digitação. Aconselho ao estudante que se acostume a transpor para as tonalidades práticas – minimamente para os tons vizinhos – toda e qualquer frase que considere interessante. Muitas dessas transposições o colocarão diante do problema de resolver a digitação, tornando a execução viável e a melhor possível. Componha seus próprios exercícios; o repertório "clássico" do Choro lhe oferece muitos, e belos, exemplos. E desconfie de digitações difíceis!

Não esqueça do som. Procure um som bonito e claro, e que seja sempre possível tirar se o estudante atentar para as suas condições de absoluto relaxamento e controle muscular. Não faça "força" para executar o que quer que seja. Compare o seu som com a sonoridade dos melhores instrumentistas. Para o violão de sete cordas **típico** é indispensável ouvir o som de um Dino ou de um Raphael Rabello: questão de estilo, sensibilidade, suingue.

Os modelos de escala são bem poucos. Digitamos um modelo **D, G** para as escalas maiores e **Am, Dm** para as menores melódicas. Esses modelos permitem uma transposição "casa a casa", preservando a mesma digitação. Com o modelo **D** sugiro fazer **D♭, D, E♭, E, F**. Com o modelo **G**, fazer **F♯, G, A♭, A, B♭, B**. A escala **C** foi dada especialmente. Já os modelos de escala menor, com **Dm**, e além desta, fazer **Cm, C♯m, E♭m, Em**. Com o modelo **Am**, fazer **Fm, F♯m, Gm, G♯m, Am**. Usar o modelo **B♭m** para **Bm**.

Uma sugestão para o estudo das escalas pode ser a seguinte ordem: **C – Am; F – Dm; B♭ – Gm; E♭ – Cm; A♭ – Fm; D♭ – B♭m; F♯ – D♯m; B – G♯m; E – C♯m; A – F♯m; D – Bm; G – Em**. Como se pode observar, todo o ciclo de quintas foi cumprido. Imagine o progresso técnico que será alcançado pelo exercício diário com todas as alternativas de fórmulas que temos à disposição!

Escala modelo dó maior

Aspectos notacionais:

Números dentro dos círculos representam as cordas, sendo o símbolo "zero" a corda solta.
Dedos da mão esquerda: "1"; "2"; "3"; e "4", respectivamente, indicador, médio, anular e mínimo.
Dedos da mão direita: *p* (polegar); *i* (indicador); *m* (médio); *a* (anular).
Fórmulas para a mão direita: Grupo I: *p, i*; *p, m*; *p, a*.
  Grupo II: *i, m*; *i, a*; *m, a*; *a, m, i*, esta última começando com o *m*.

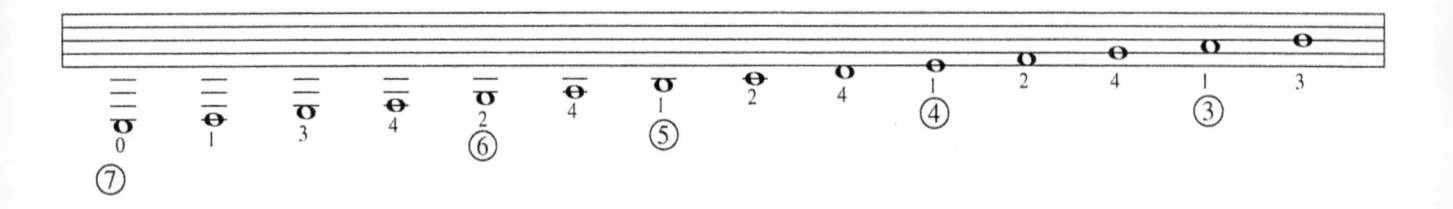

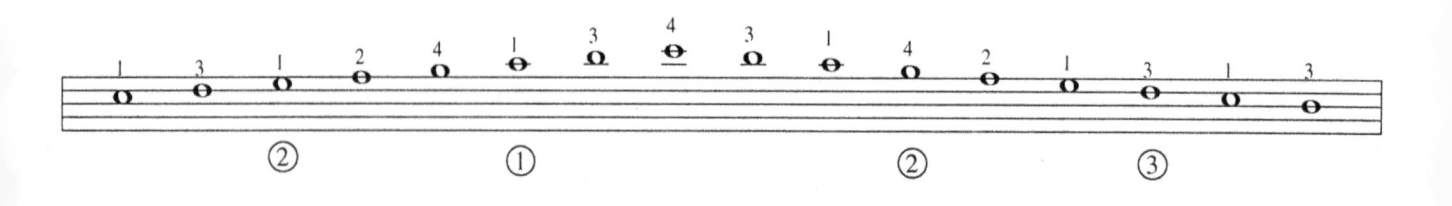

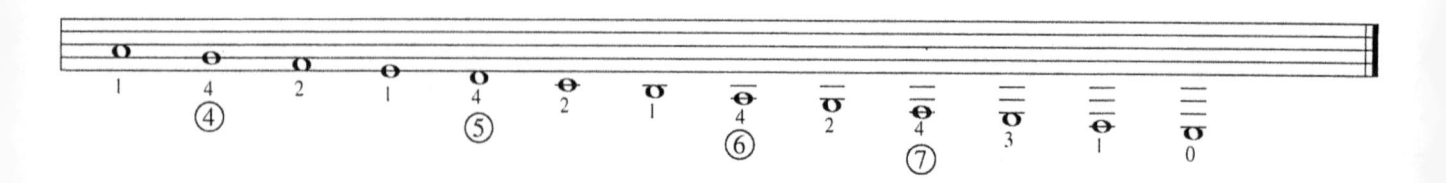

Exercício

Fórmulas: tocar somente com o *p*, com apoio e sem apoio, e também com *p, i; p, m* e *p, a.*

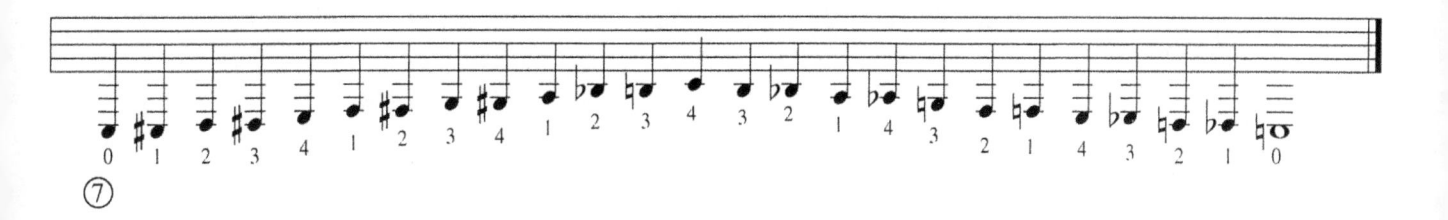

Exercício

O exercício deverá ser realizado com o *p* até a quarta corda. As cordas terceira, segunda e primeira deverão ser tocadas com uma das duplas *i, m*; *m, a*; *i, a*. Abaixo está exemplificado para a dupla *i, m*. Este exercício poderá ser adaptado de várias maneiras. Use-o, por exemplo, como exercício de ligados ascendentes.

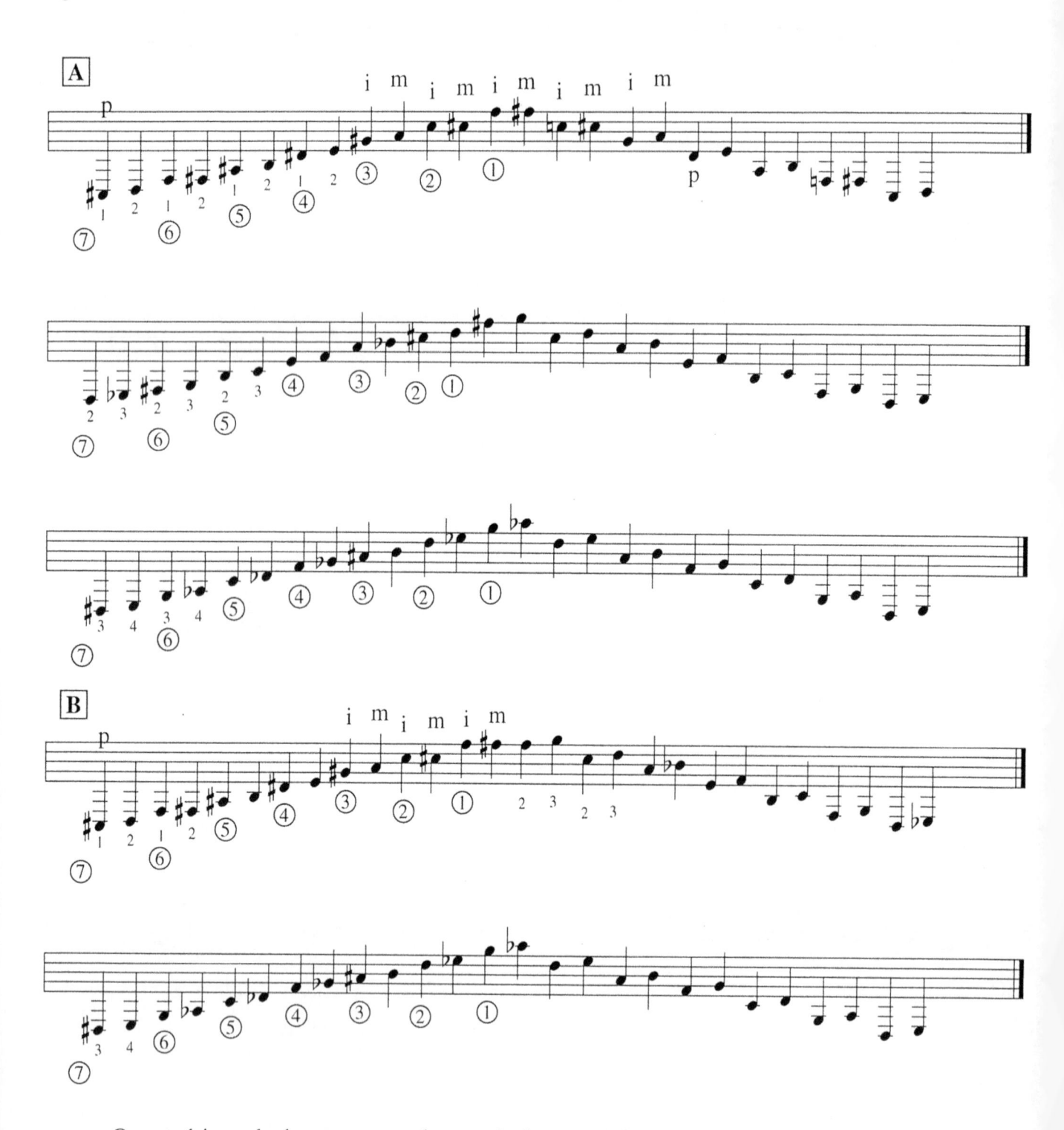

O exercício poderá ser recomeçado a partir da nota ré da sétima corda e assim por diante, até que o dedo 4 atinja a décima segunda casilha.

Escala modelo ré maior

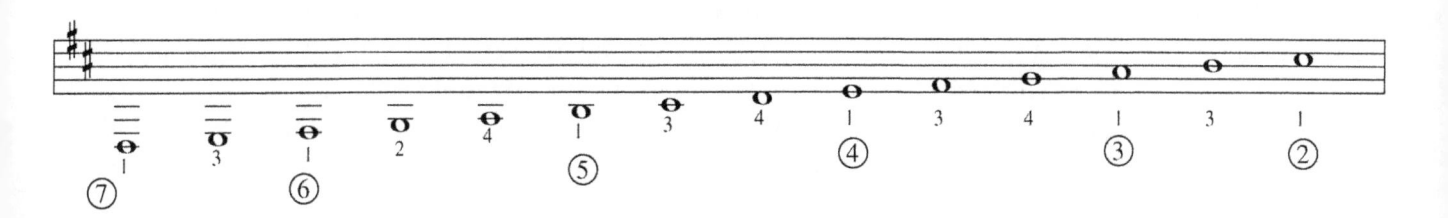

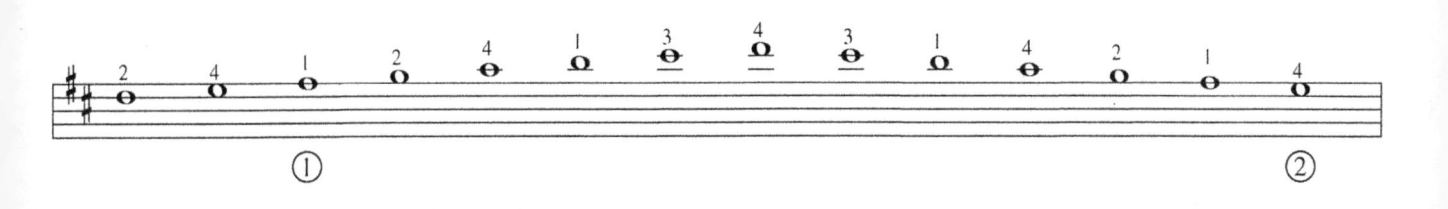

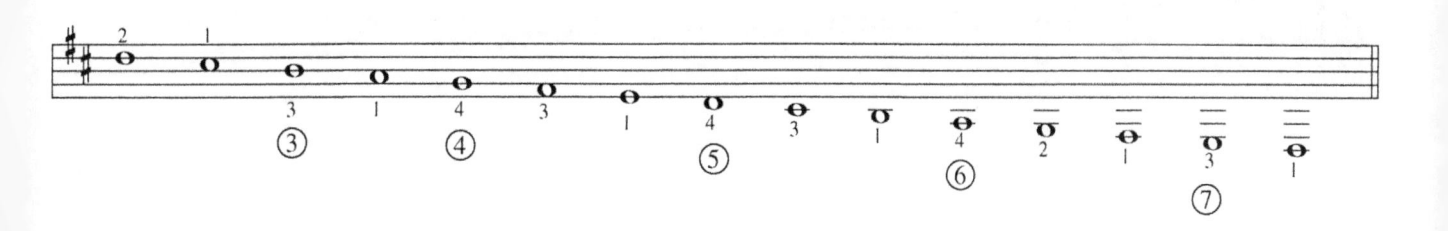

Exercício modelo D

Realizar o exercício de duas maneiras: com a "pestana" na segunda casa e sem ela. A fórmula da mão direita sugerida pela digitação abaixo não deve ser entendida como a única. Estilisticamente, o uso do polegar resulta numa sonoridade mais em conformidade com o modo de execução dos violonistas do Choro. Recomendo que o exercício seja realizado também com outras duplas de dedos. Transponha-o para outros tons; faça similares no modo menor.

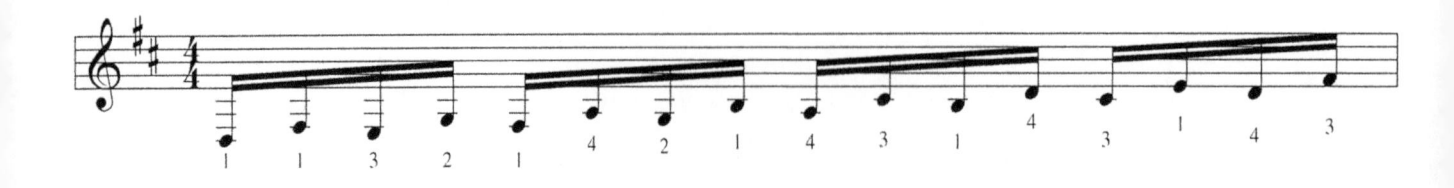

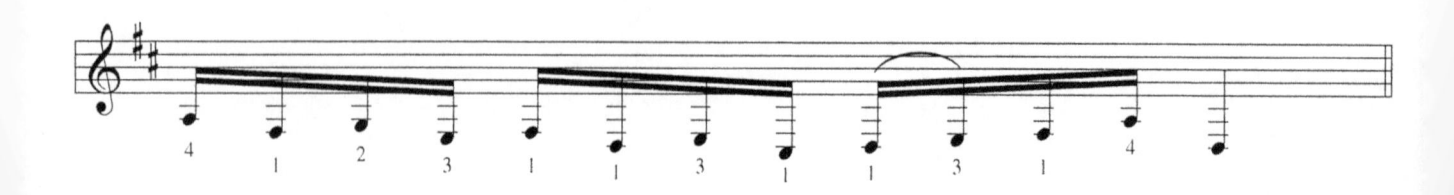

Exercício em D

Ater-se à digitação na região da pestana na segunda casa, mesmo que atacando as notas com os dedos da mão esquerda sem usar propriamente a pestana.

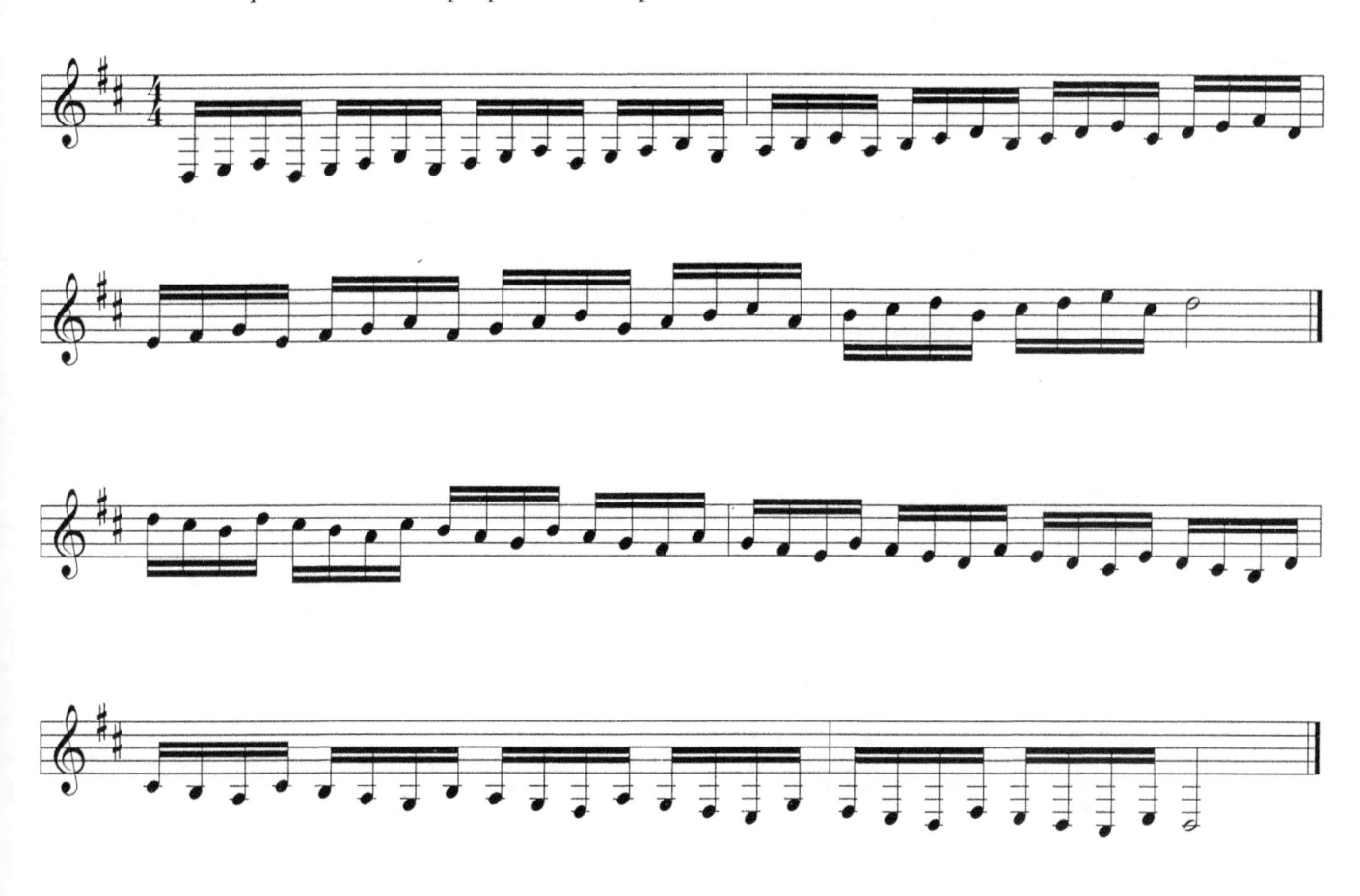

Fazer transposições deste exercício para os tons de **C♯**, **E♭**, **E**, **F**, **F♯**, **G**, **A♭**, **A**, **B♭**, **B** e **C**. Componha um similar em **Dm** e opere transposições.

Exercícios para os ligados ascendentes e descendentes

Os ligados, representados pelo pequeno arco entre as notas, deverão ser executados para cada duas delas conforme a representação feita abaixo para o primeiro grupo de semicolcheias. Achamos por bem indicá-lo somente para este primeiro grupo, a fim de não sobrecarregar a programação visual da partitura.

Nos exercícios com baixaria, o estudante deverá aplicá-los, tanto para os ascendentes como para os descendentes, procurando observar o estilo do fraseado chorístico que deles faz muito uso. Discuta-os ouvindo as gravações do gênero, de onde as transcrições deste método foram feitas. Alguns desses ligados estão indicados, outros não. Nesse sentido, compare a partitura com o que está sendo tocado e aplique esse fundamental recurso de estilo.

No ligado ascendente articula-se a primeira nota, sendo a segunda delas produzida pelo dedo da mão esquerda, que golpeia o traste no qual ela está situada.

No *ligado descendente* os dedos da mão esquerda, que o produzirão, posicionam-se simultaneamente sobre as duas notas envolvidas. Articula-se a que soará primeiro e, depois, o dedo que atua sobre o local correspondente a ela faz um golpe discreto puxando a corda para baixo, abandonando-a, **mas** repousando completamente sobre a corda logo abaixo. É suficiente exercitar-se na terceira corda (corda sol) do violão.

Para cada um dos três exercícios a seguir, usar a extensão do violão até o dedo 4 atingir a 12ª casilha e, a partir daí, voltar de casilha em casilha.

Os exemplos abaixo podem servir bastante. O primeiro é um trecho do *Brasileirinho*, de João Pernambuco.

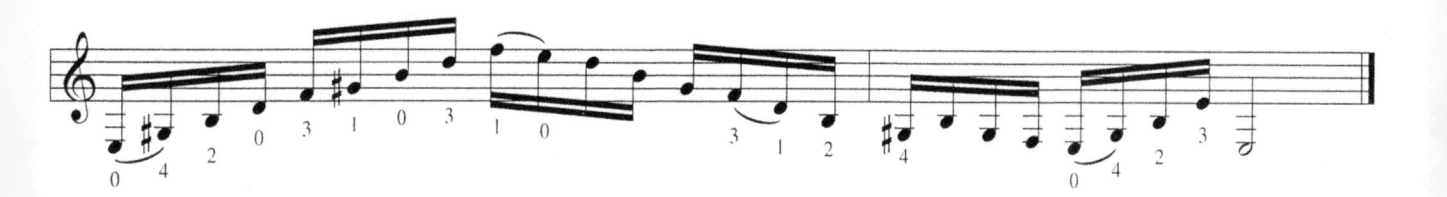

Exercício de arpejo

O exercício deverá ser reproduzido semitom a semitom. Recomenda-se que a pestana seja mantida durante a articulação das notas. O exercício, realizado lentamente sem a pestana, é um ótimo treino de independência de dedos da mão esquerda.

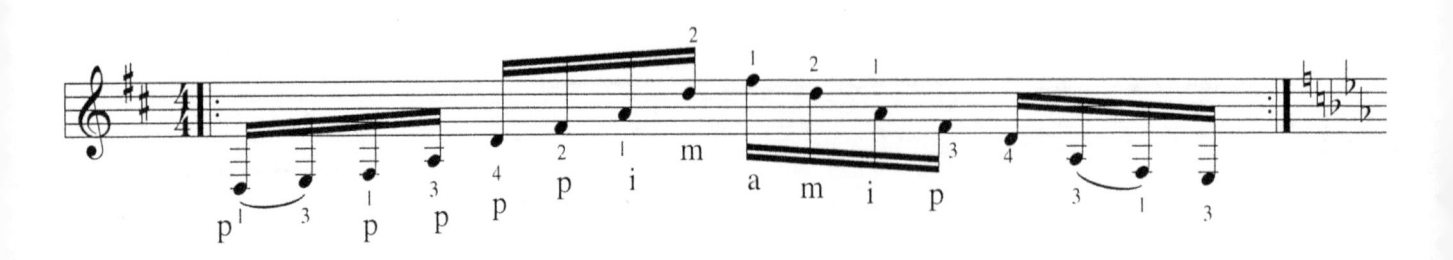

Escala modelo ré menor melódica

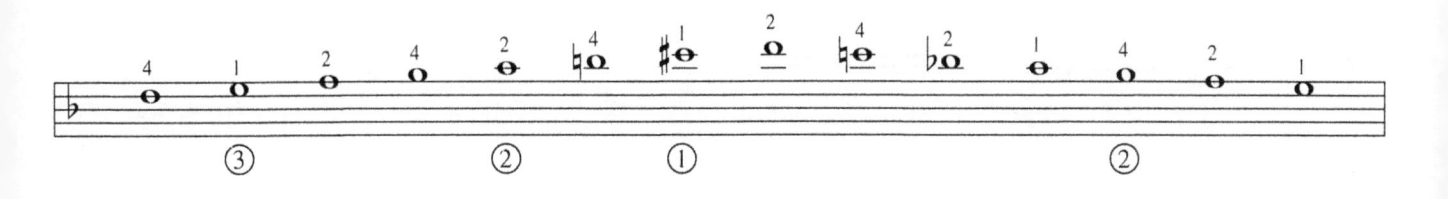

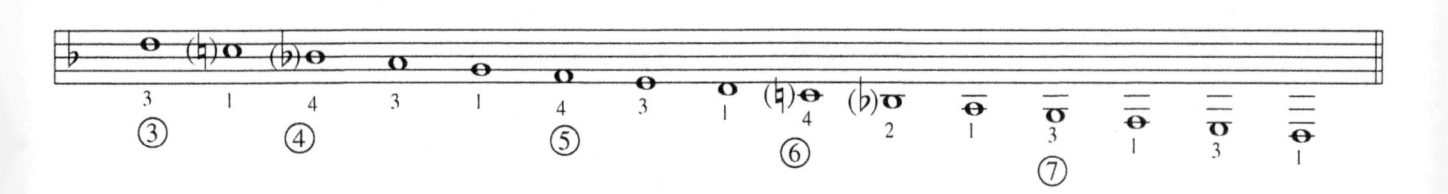

Exercício cadencial em ré menor

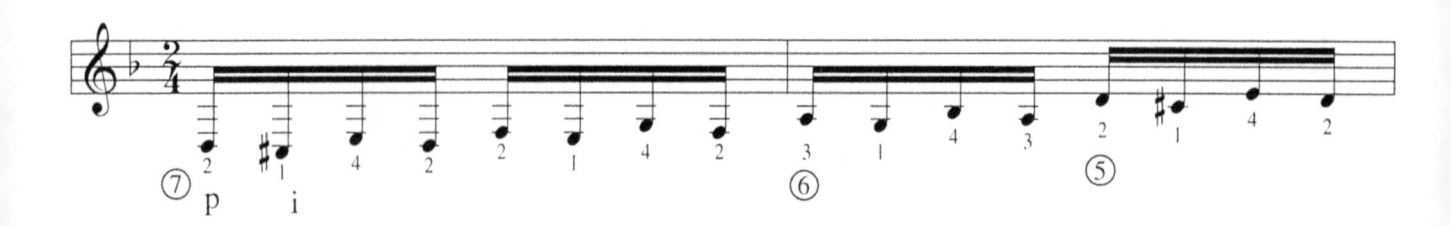

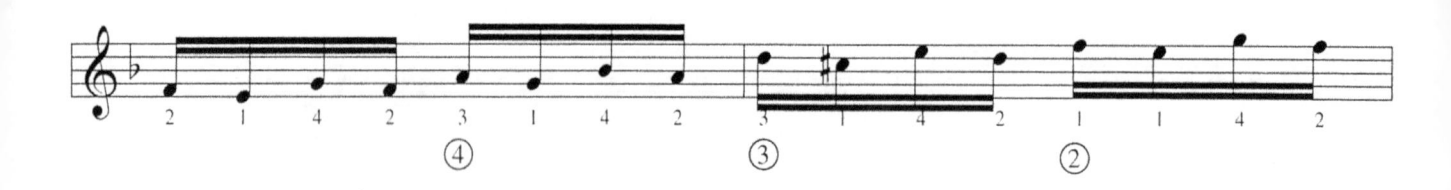

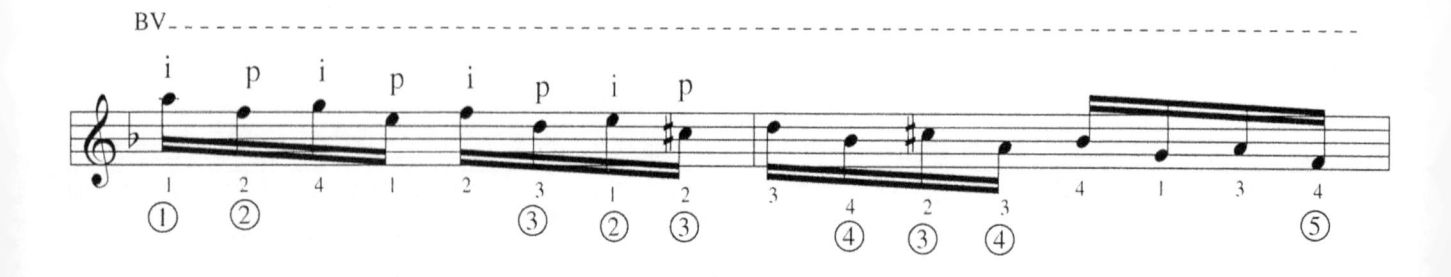

Escala modelo sol maior

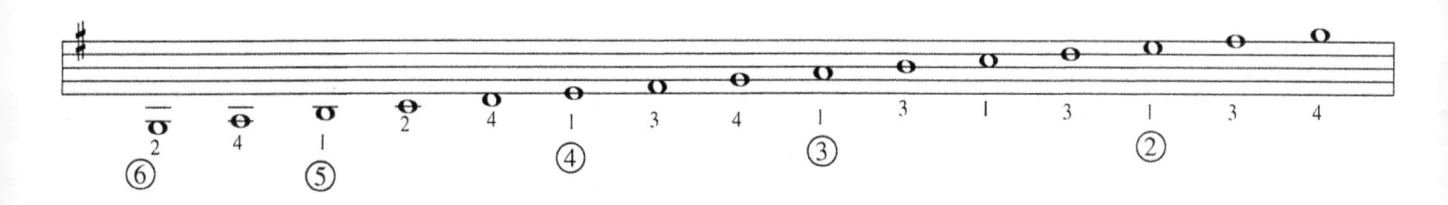

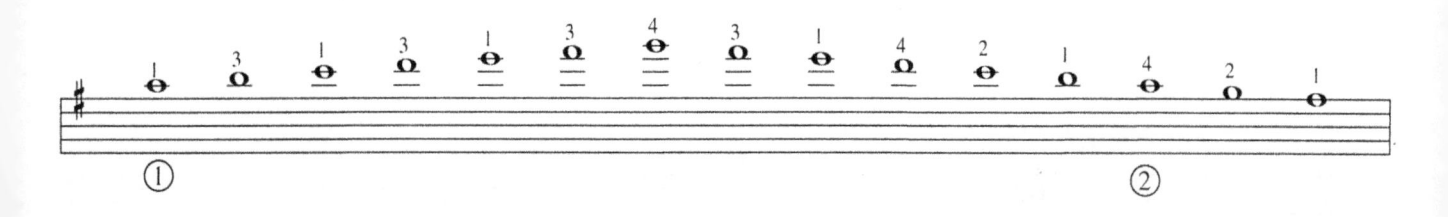

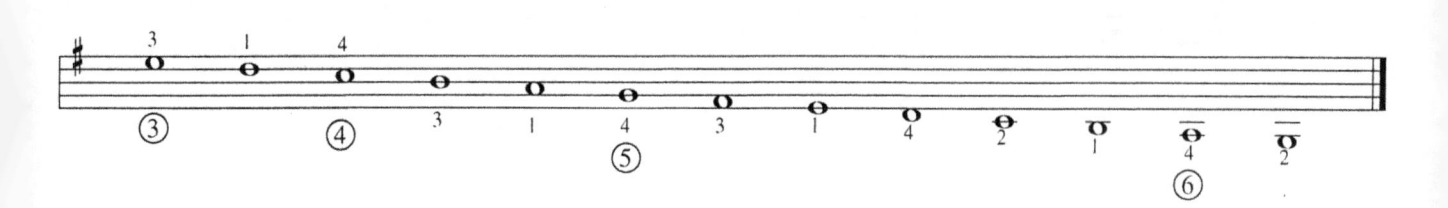

Escala modelo lá menor melódica

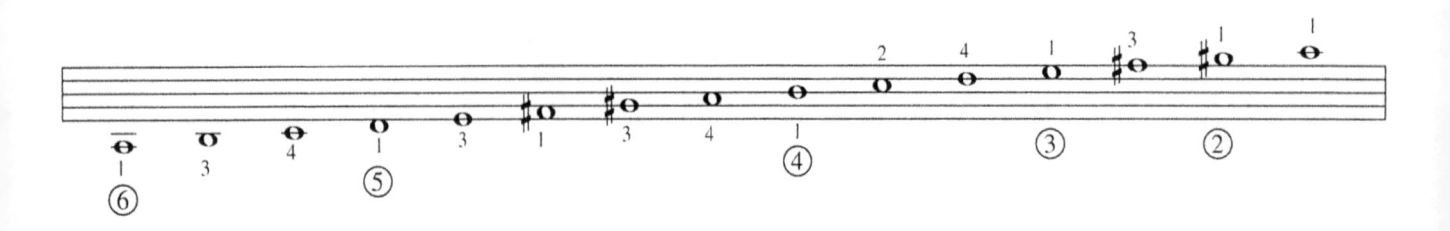

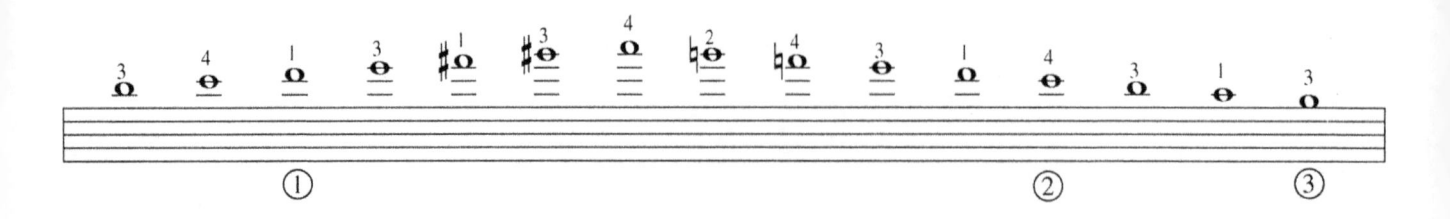

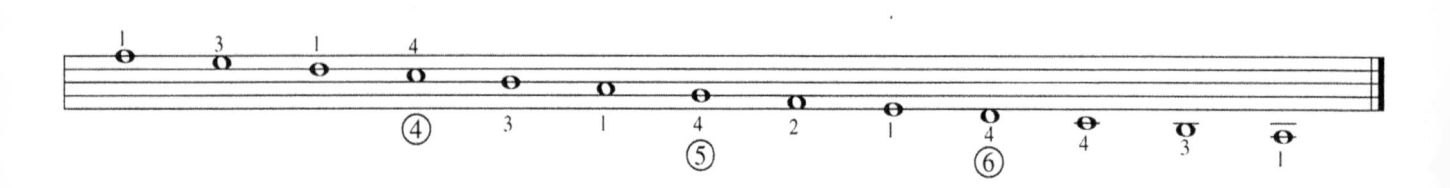

Escala modelo si bemol menor melódica

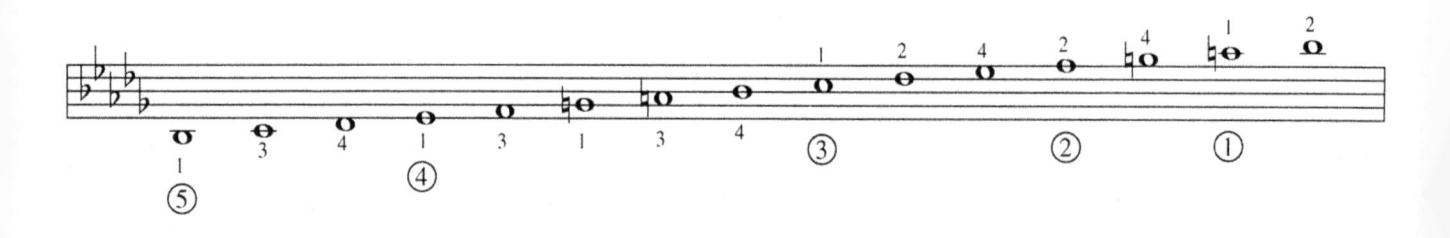

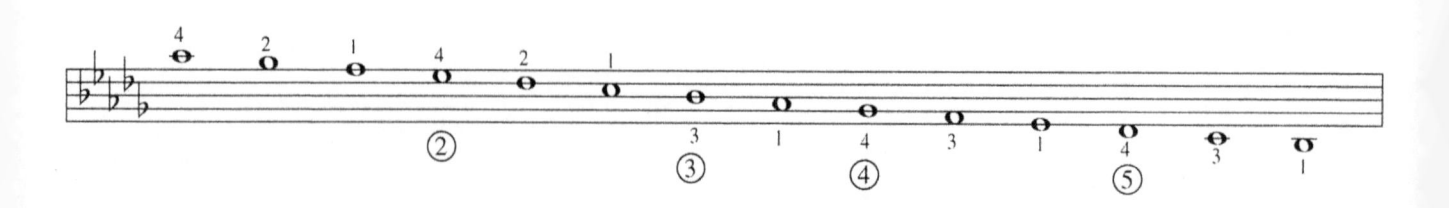

Este modelo poderá ser estendido até a escala de Em melódica (sétima casa). Evidentemente, não há uso da sétima corda.

O Violão de 7 Cordas

Exercícios de frases

Os estudantes deverão completar as cifragens para as transposições restantes.

A m   B 7/D♯   E/D   A m/C

D m   E 7/G♯   A/G   D m/F

É sempre um ótimo exercício fazer transposições de frases e arpejos padrão. É uma excelente maneira também de "colocar debaixo do dedo" frases e trechos de difícil execução. Espero que os padrões a serem encontrados no transcurso deste trabalho sofram essa operação por parte dos leitores músicos.

O Violão de 7 Cordas

Exercícios de frases

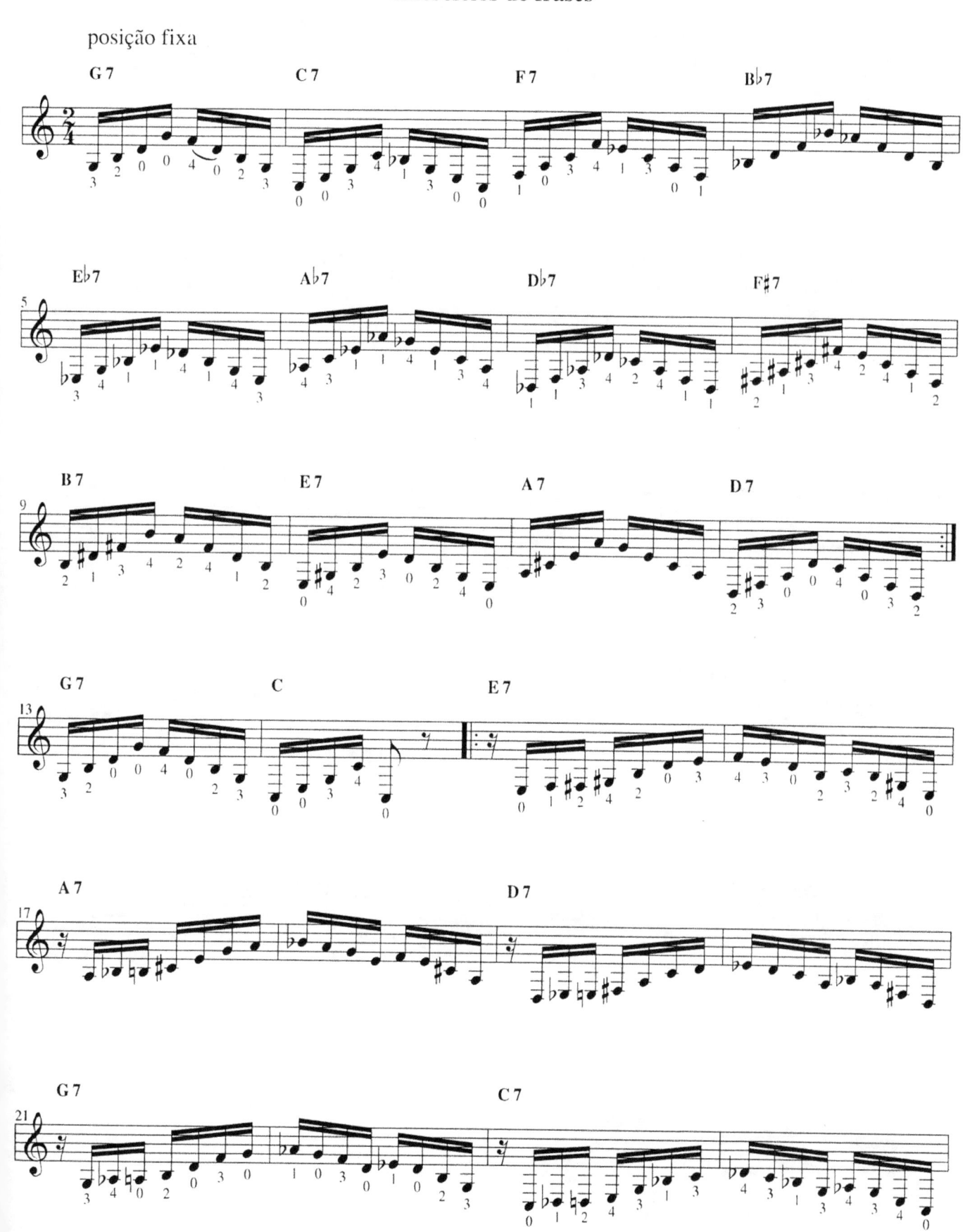

posição fixa

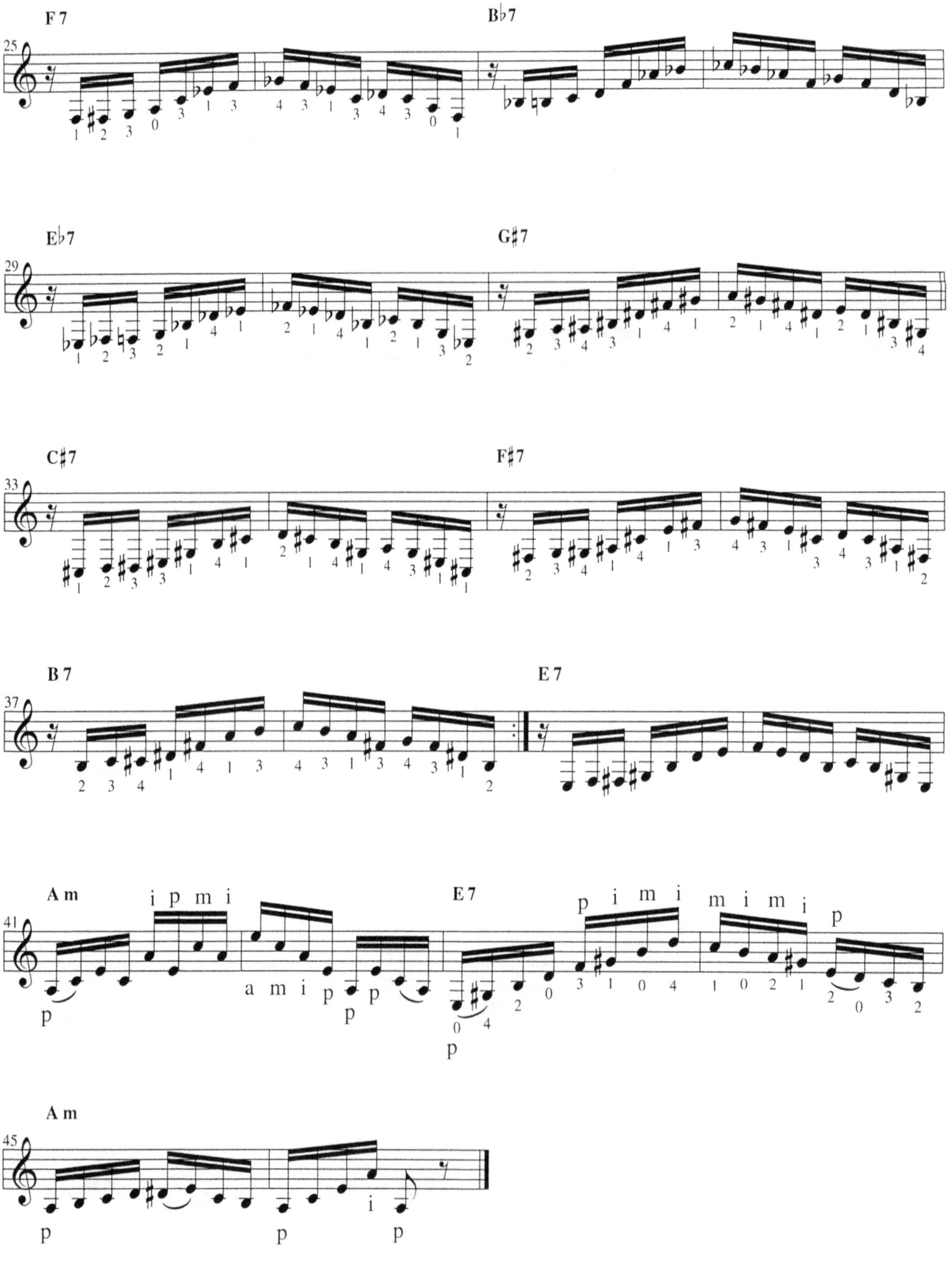
F 7
B♭7
25
E♭7
G♯7
29
C♯7
F♯7
33
B 7
E 7
37
A m
E 7
41
A m
45

OUTRAS ESCALAS

Escala diminuta

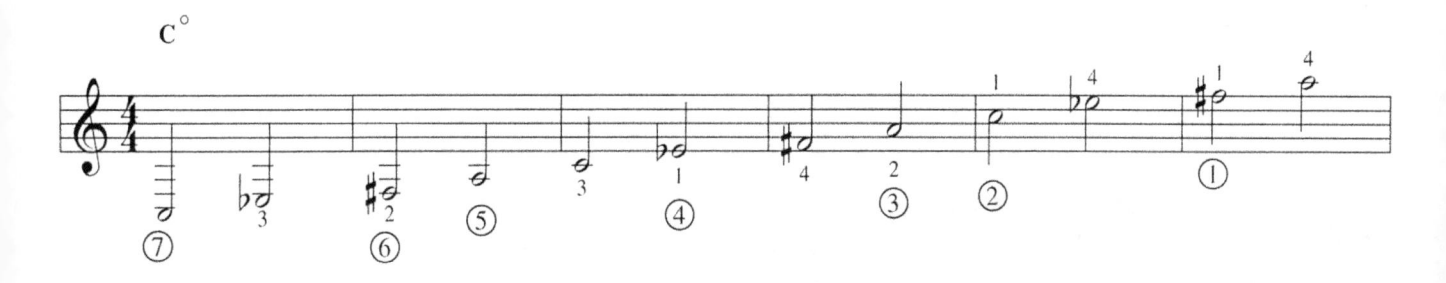

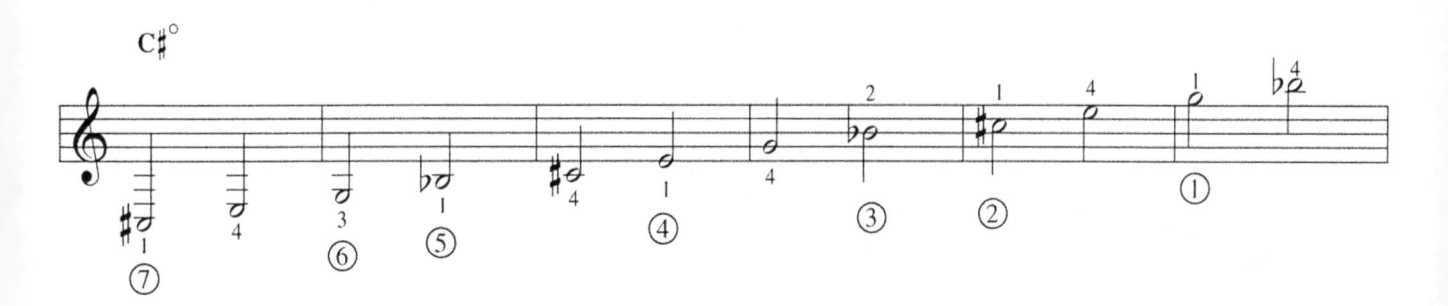

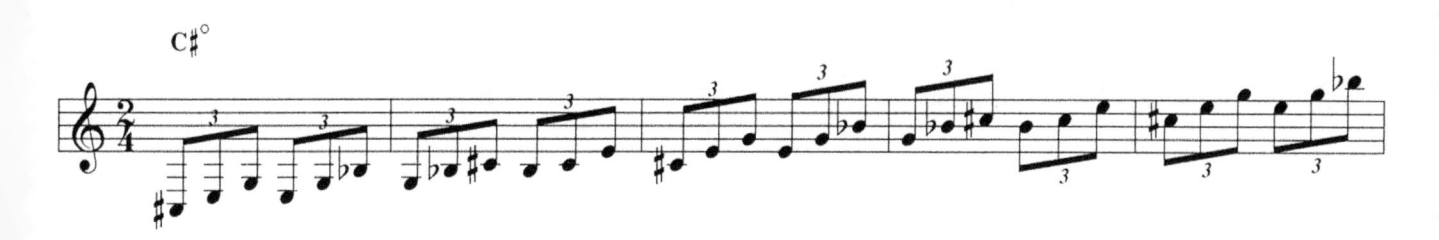

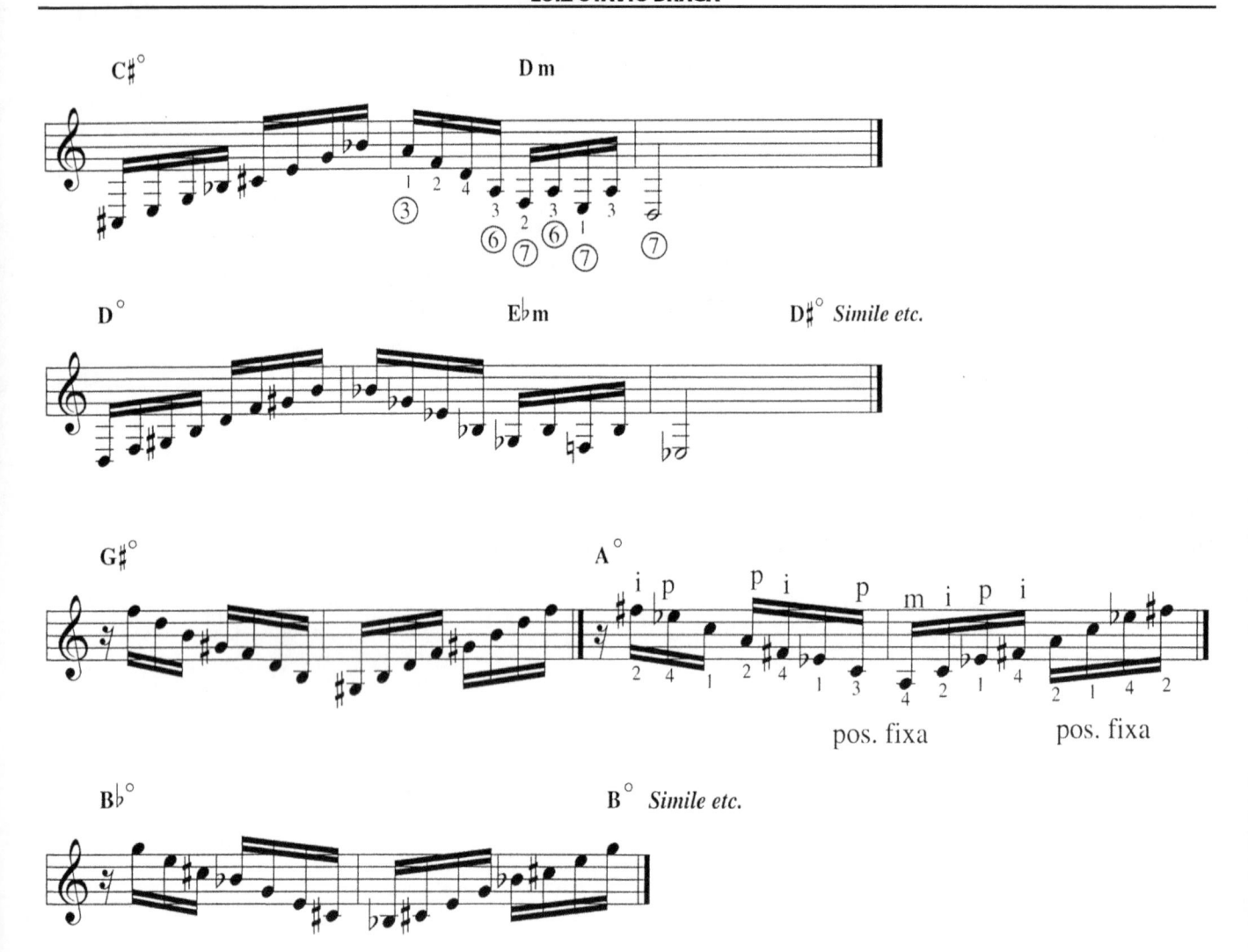

Hexafônica (tons inteiros)

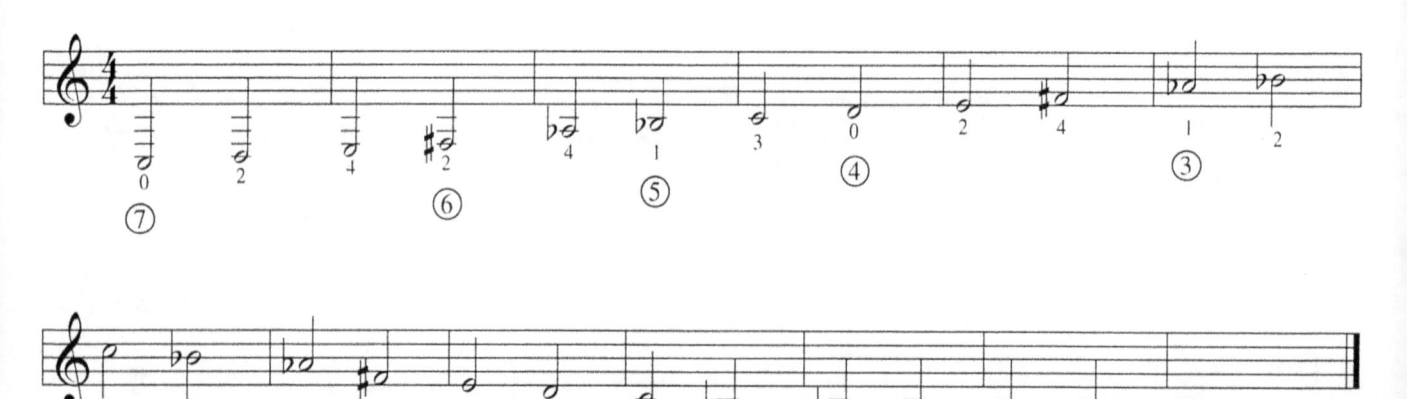

O Violão de 7 Cordas

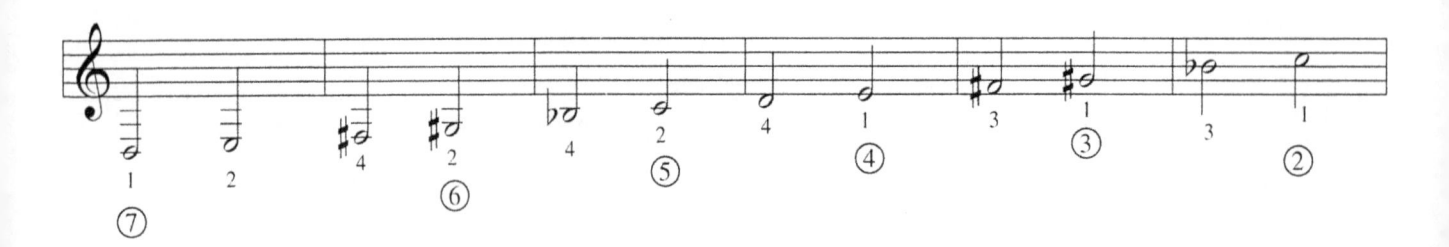

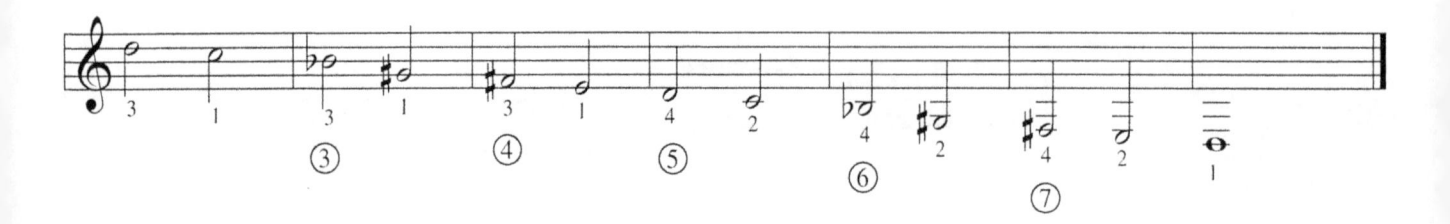

Exercício ideal

Este exercício exemplifica a operação complementar levada-baixaria-levada. O que se deseja é garantir a densidade do acompanhamento, pelo preenchimento com levada, dos espaços vazios comumente resultantes do cessar do movimento de baixaria.

PARTE III

Transcrições

Vibrações

Choro-canção

Jacob Bittencourt

A 7/C♯ D m C m6 F 7 B♭
37
B♭m/D♭ F/C D m G 7 C 7
43
B♭m C 7 F F/A A 7/C♯ D m
49
D m C m6 F 7 B♭ B♭m F/C
55
A 7/E D 7 G 7 B♭m C 7 F 1. F 2. F
61
D m A 7/E D m D 7/F♯ G m D 7/A G m/B♭ A 7/C♯
67

O Violão de 7 Cordas

É do que há

Transcrição de André Bellieni, baseado em Raphael Rabello, em gravação de Joel Nascimento – Arranjo: Luiz Otávio Braga.

Choro

Luiz Americano

O Violão de 7 Cordas

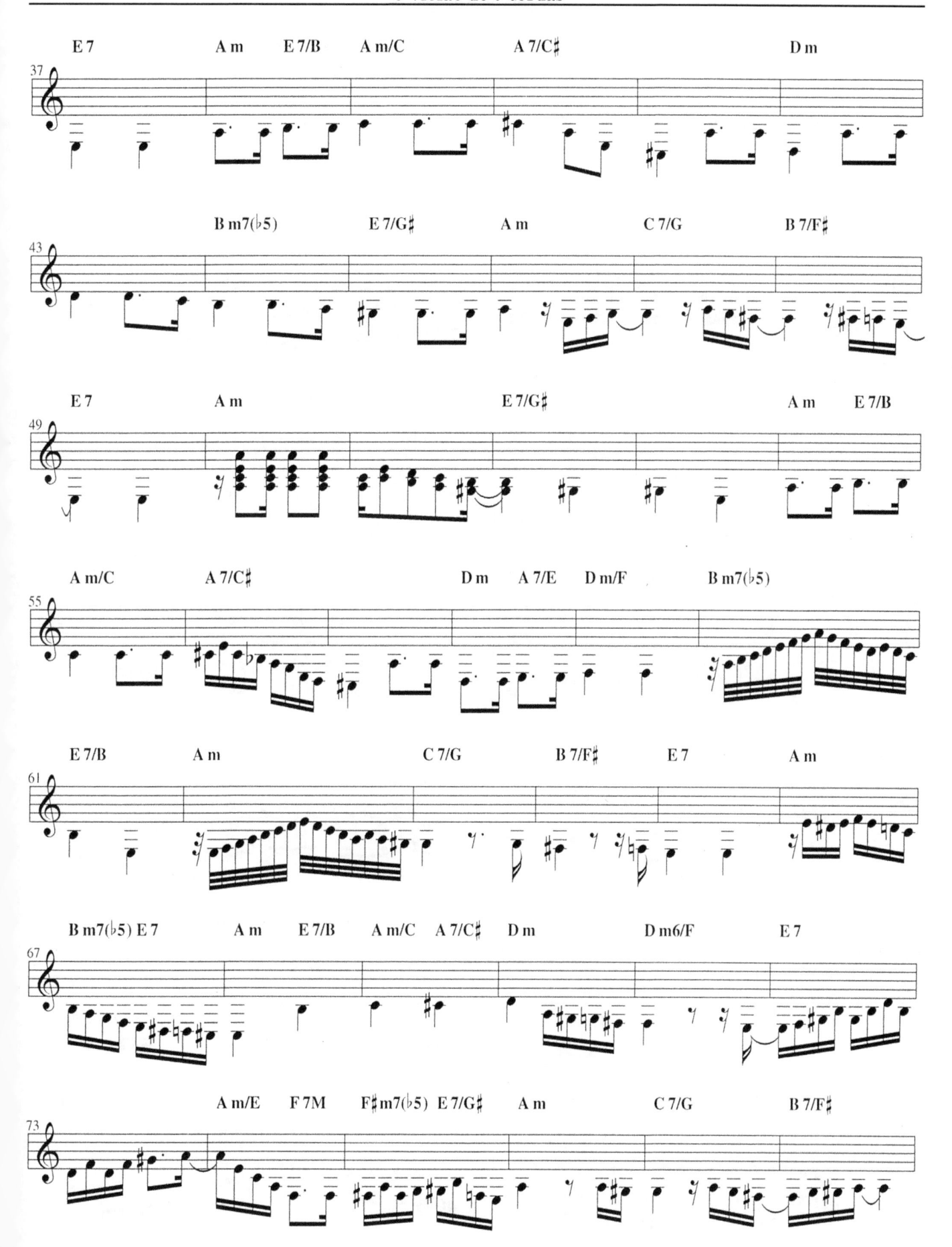

B 7 E 7/G♯ E 7 A m/G A m/F♯ D m6/F E 7 A m E 7/B
79
A m/C A 7/C♯ D m D m6/F E 7/D E 7/G♯ G m6/B♭
85
A 7 A/G D/F♯ G/F C/E A m/C B 7/F♯
91
E 7 A F♯m7 B m7 E 7 A F♯m7 B 7
97
E 7/B E 7/G♯ A E m6/B
103
F♯7/A♯ B m7 G 7 A F♯7/A♯ B 7 E 7/G♯ A F♯m7
109
B m7 E 7 A F♯7 B 7 E 7/D E 7/G♯
115

O Violão de 7 Cordas

Urubatã

Choro

Pixinguinha

O Violão de 7 Cordas

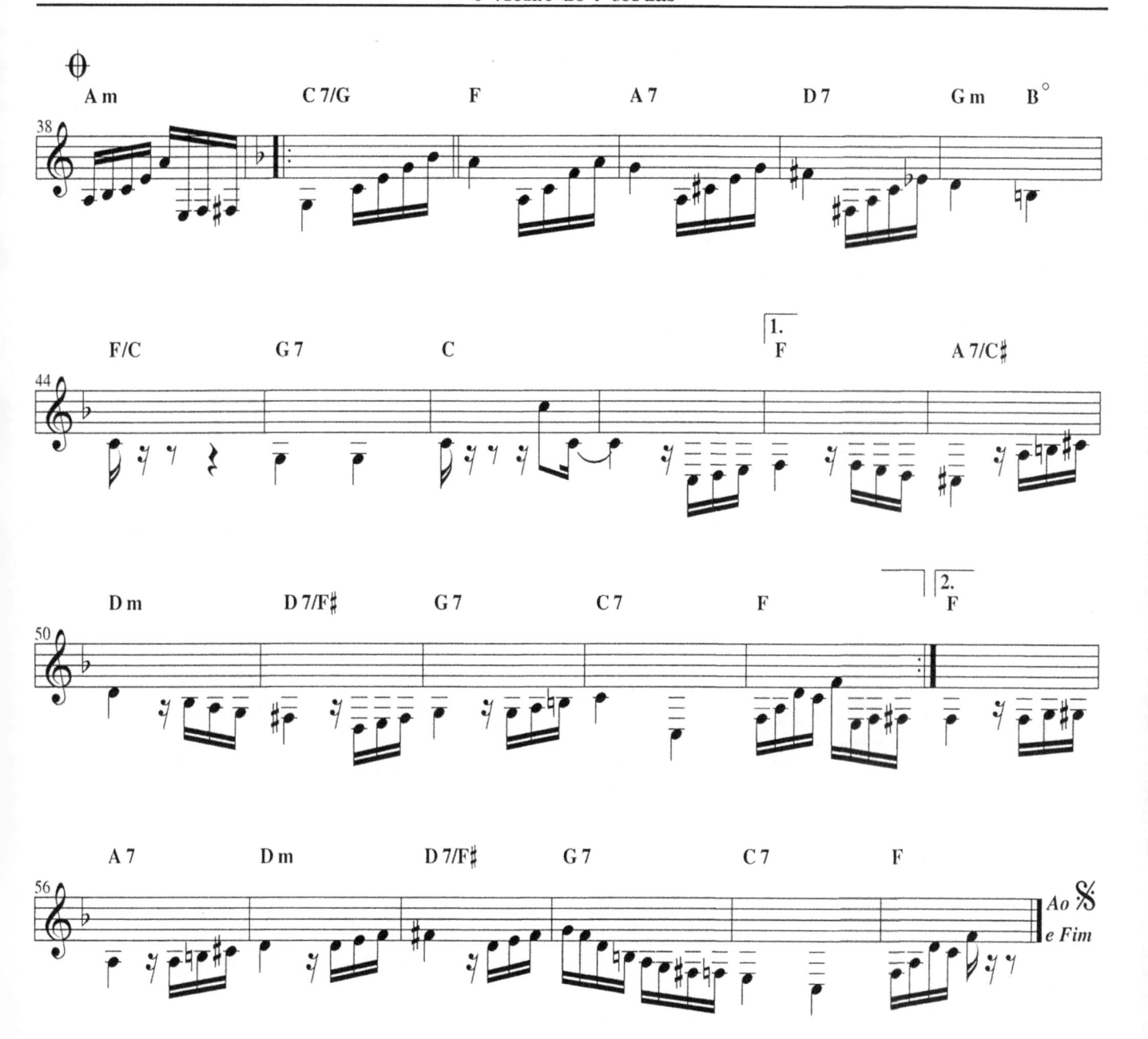

Sofres porque queres

Choro

Pixinguinha

O Violão de 7 Cordas

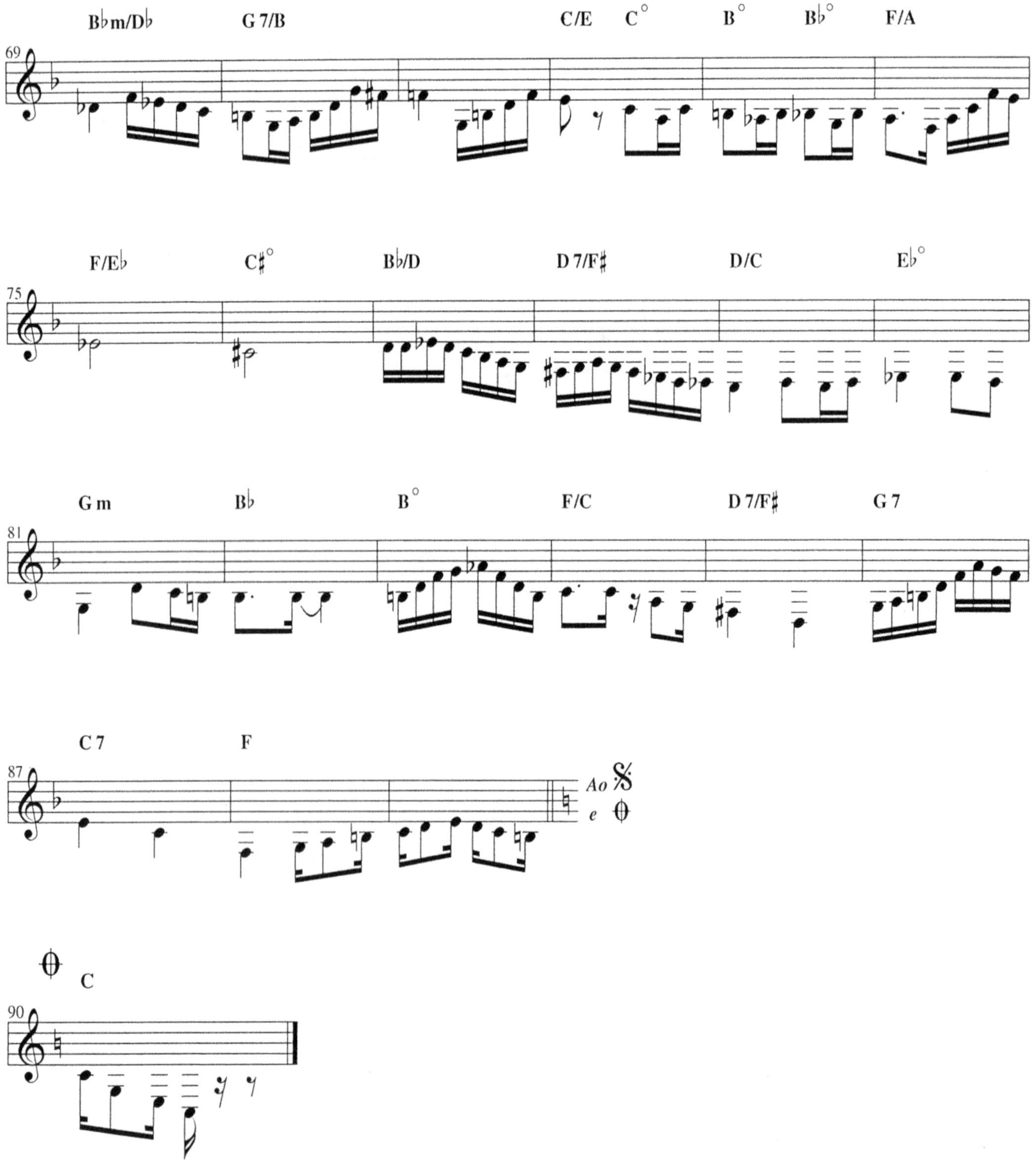
B♭m/D♭ G 7/B C/E C° B° B♭° F/A
F/E♭ C♯° B♭/D D 7/F♯ D/C E♭°
G m B♭ B° F/C D 7/F♯ G 7
C 7 F
Ao
e
C

O boêmio

Choro

Anacleto de Medeiros

Receita de samba

Samba-choro

Jacob Bittencourt

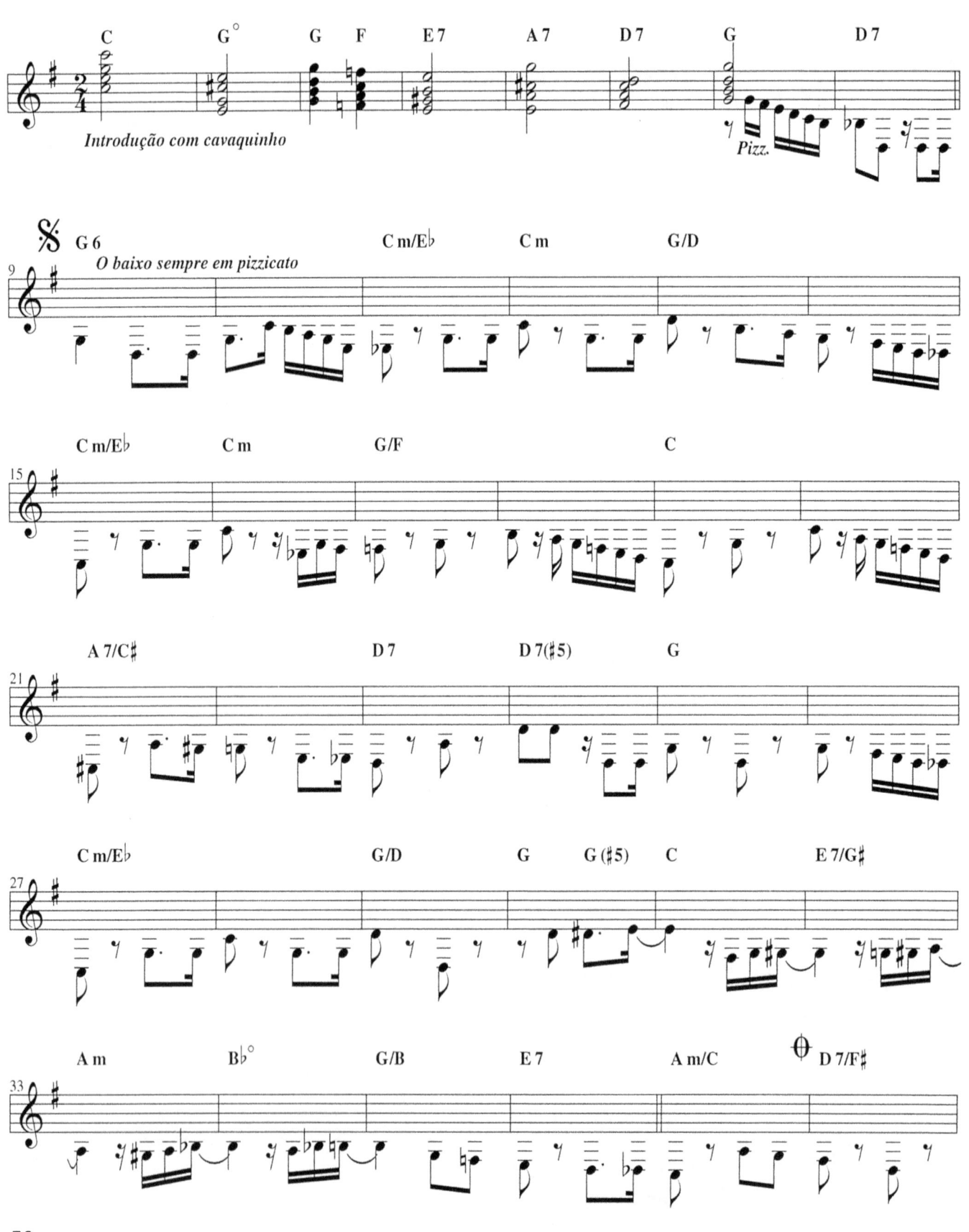

Introdução com cavaquinho

Pizz.

O baixo sempre em pizzicato

O Violão de 7 Cordas

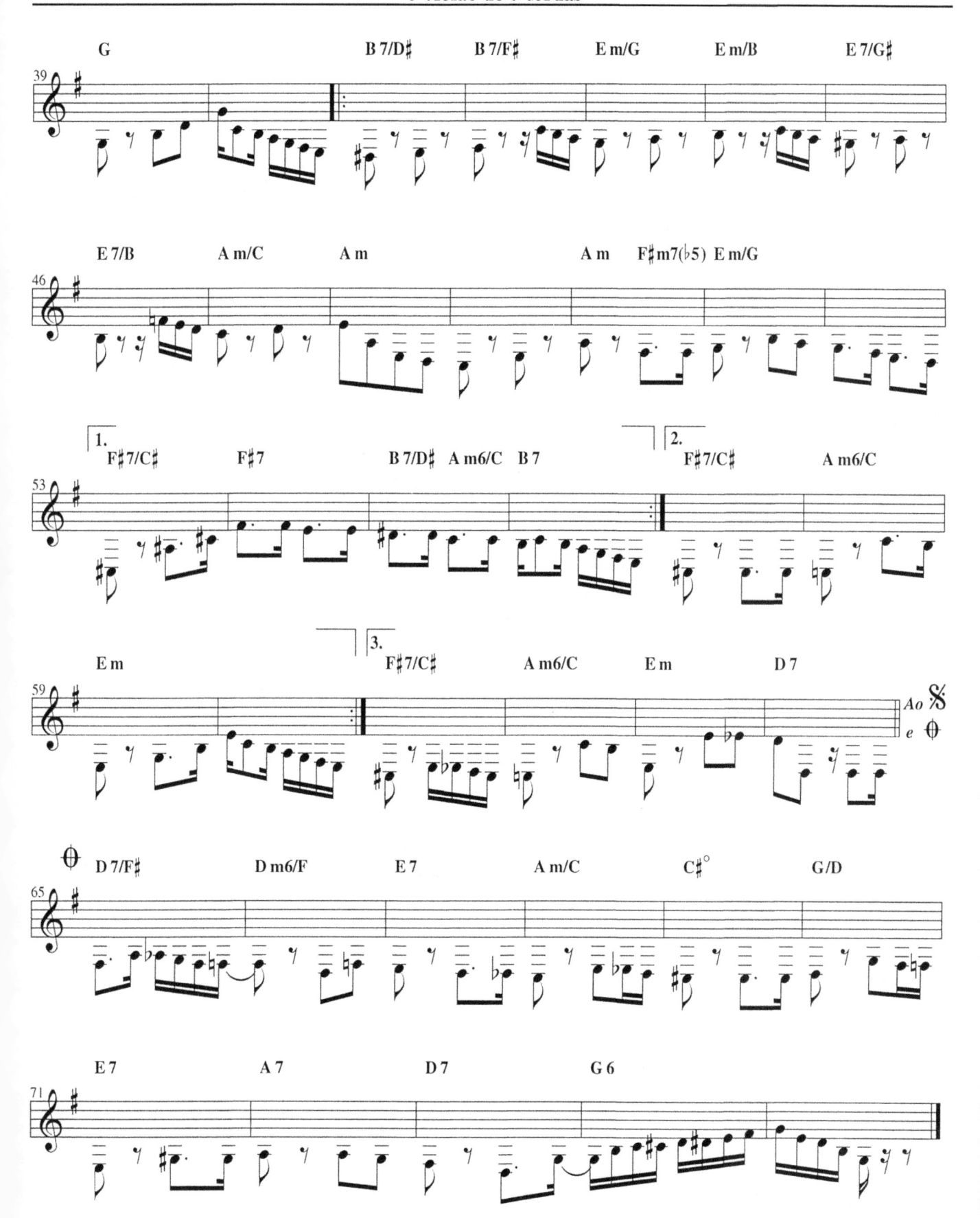

Noites cariocas

Arranjo para sete cordas de Luiz Otávio Braga

Jacob Bittencourt

Choro

O Violão de 7 Cordas

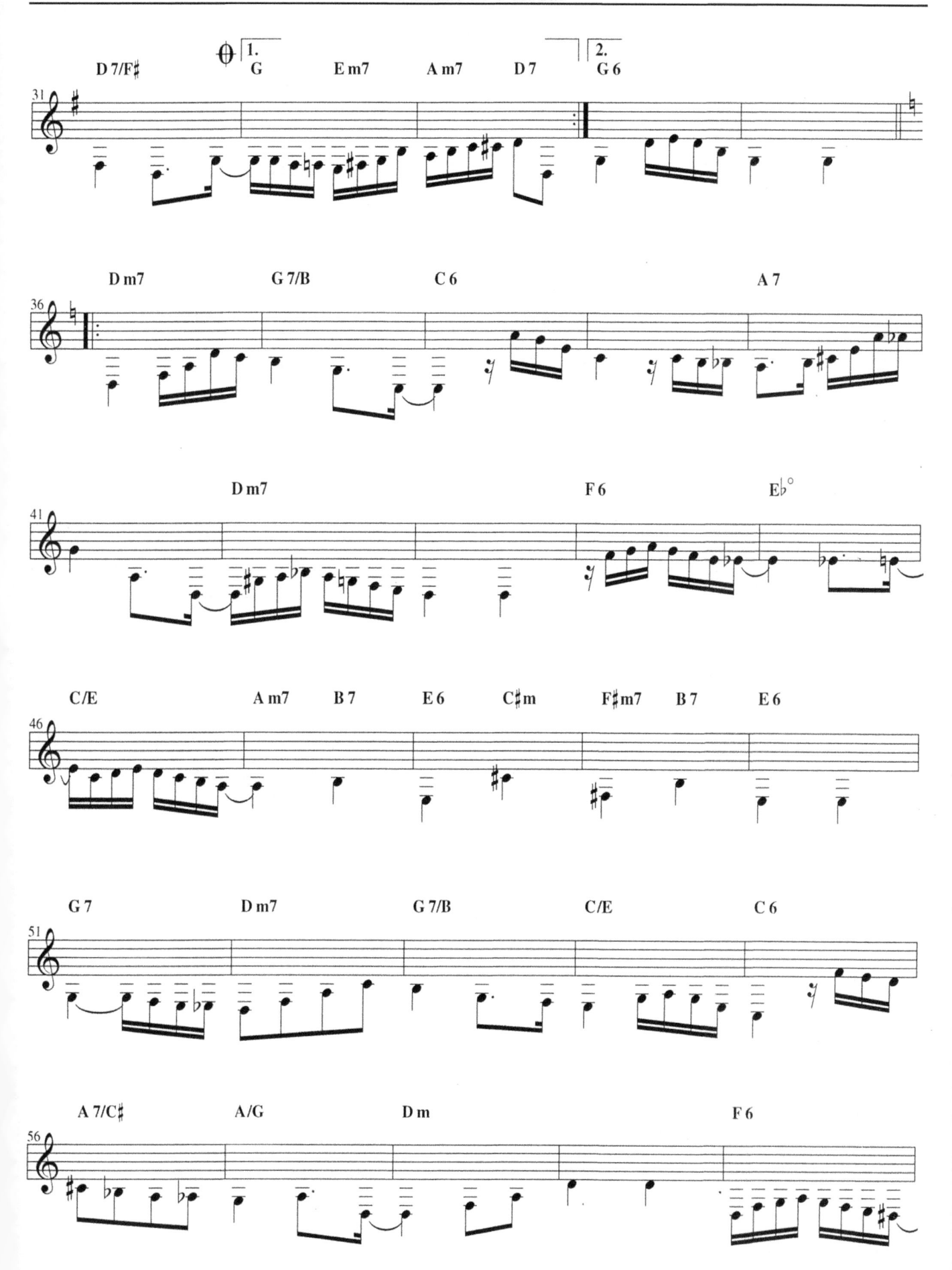

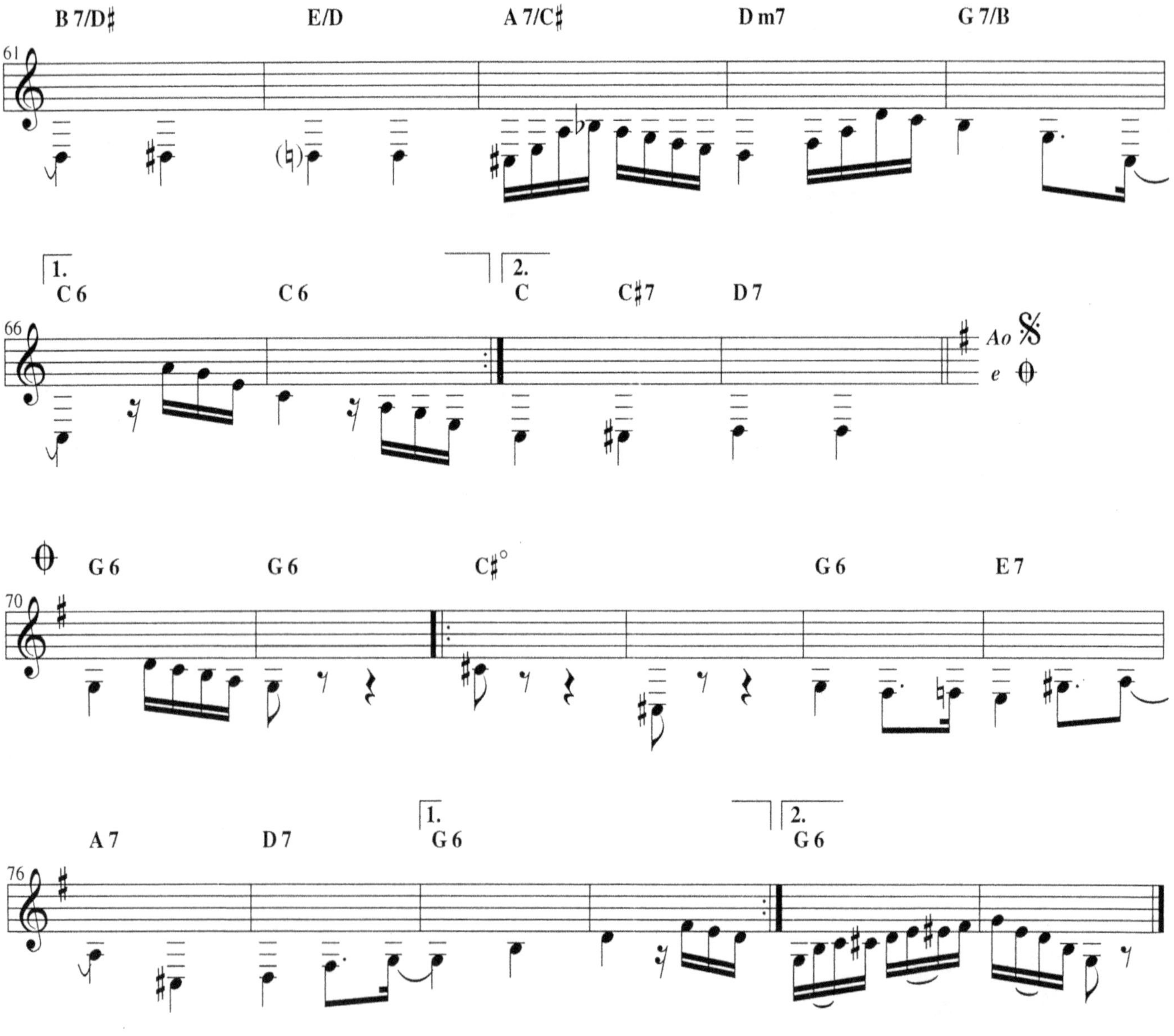
B 7/D♯
E/D
A 7/C♯
D m7
G 7/B
61
1.
C 6
C 6
2.
C
C♯7
D 7
66
Ao 𝄋
e 𝄌
G 6
G 6
C♯°
G 6
E 7
70
A 7
D 7
1.
G 6
2.
G 6
76

Harmonia selvagem

Choro — *Dante Santoro*

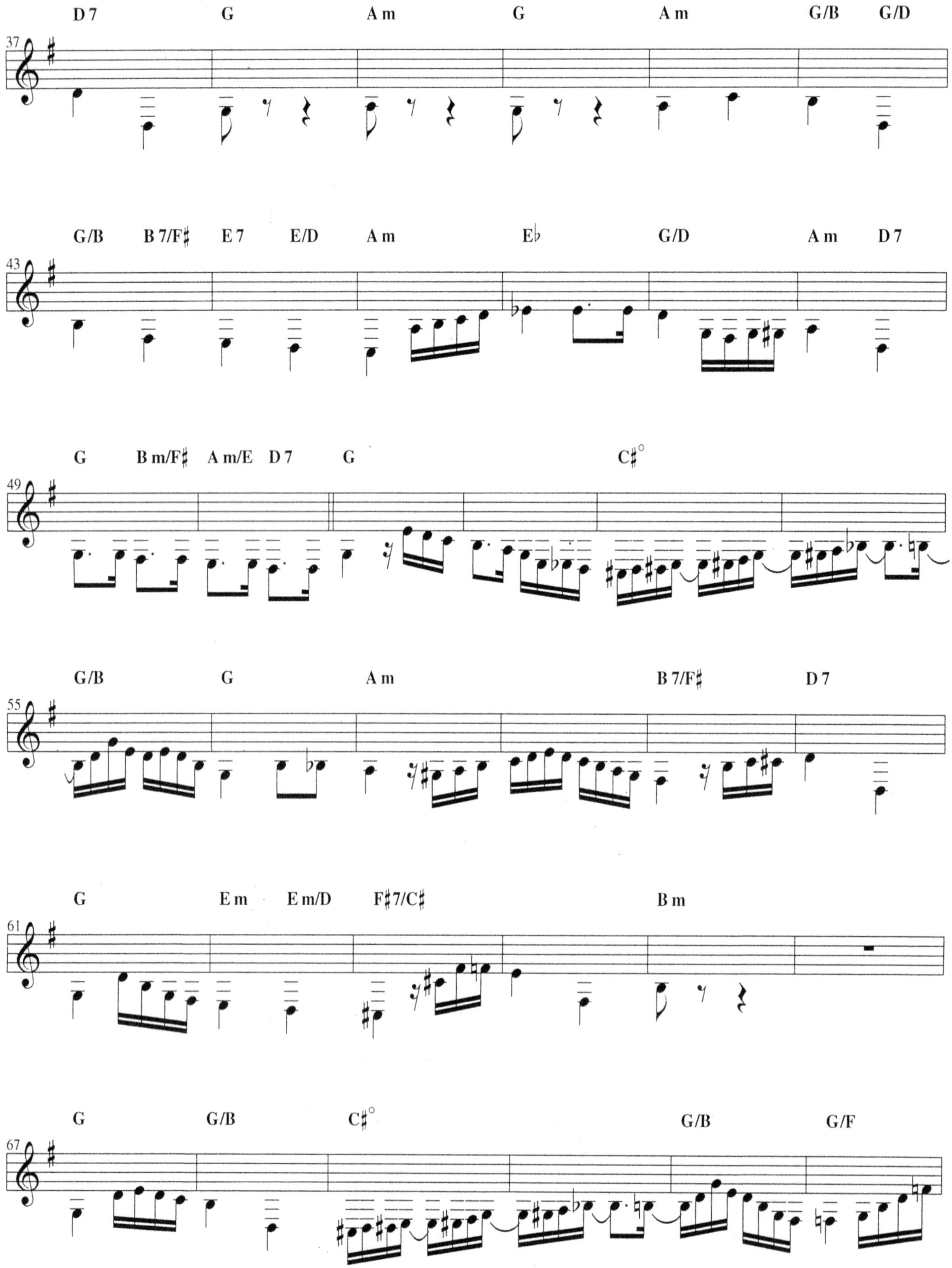
D 7 G A m G A m G/B G/D
G/B B 7/F♯ E 7 E/D A m E♭ G/D A m D 7
G B m/F♯ A m/E D 7 G C♯°
G/B G A m B 7/F♯ D 7
G E m E m/D F♯7/C♯ B m
G G/B C♯° G/B G/F

O Violão de 7 Cordas

Ingênuo

Choro-canção

Pixinguinha

O Violão de 7 Cordas

Evocação

Choro-canção

Rubens Leal Brito

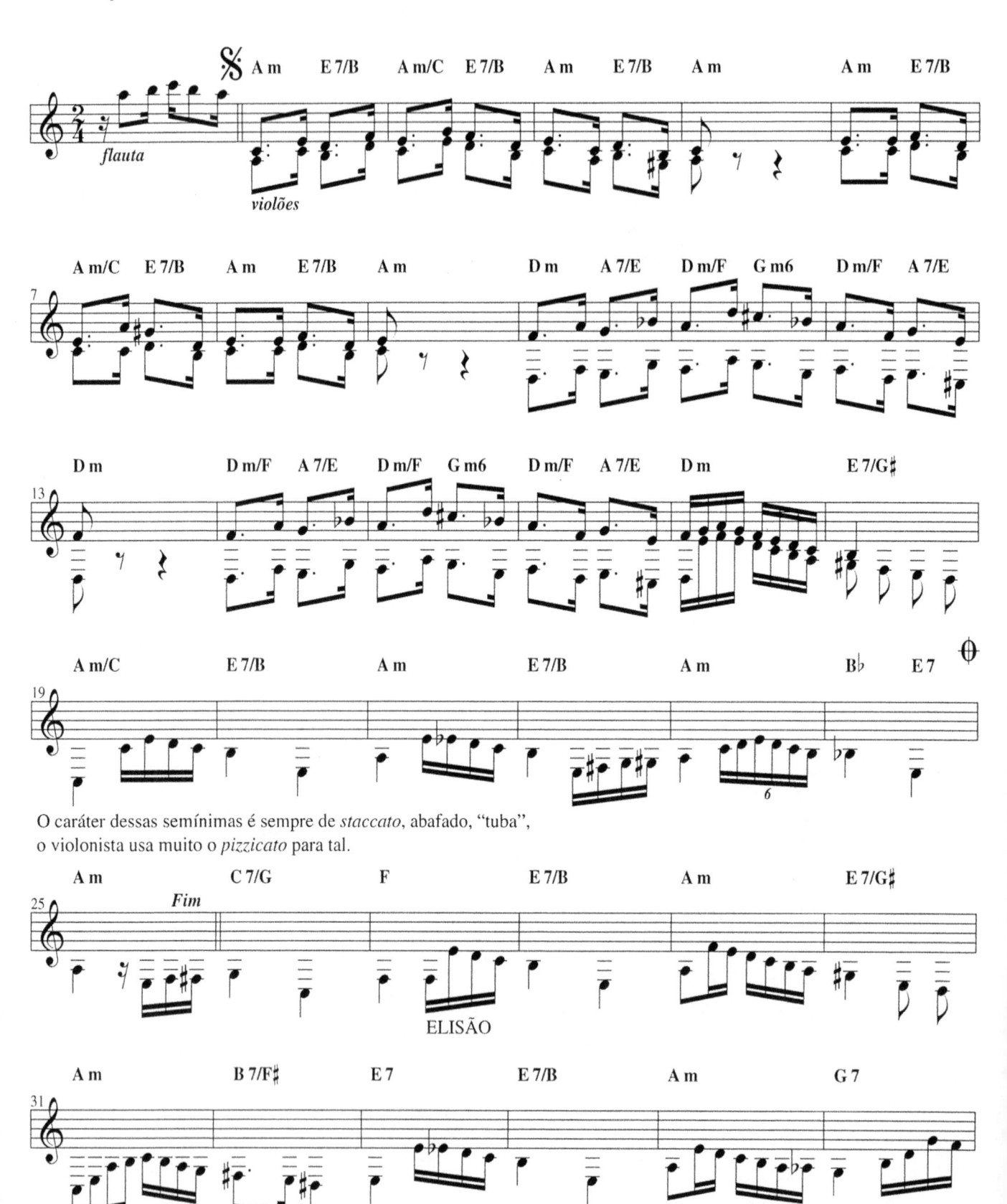

flauta

violões

O caráter dessas semínimas é sempre de *staccato*, abafado, "tuba",
o violonista usa muito o *pizzicato* para tal.

Fim

ELISÃO

O Violão de 7 Cordas

Doce de coco

Choro

Jacob Bittencourt

Deslizando a dedeira
apoiadamente ou p, i, m, i, p...

O Violão de 7 Cordas

Cuidado, violão!

Choro-canção

José Toledo

O Violão de 7 Cordas

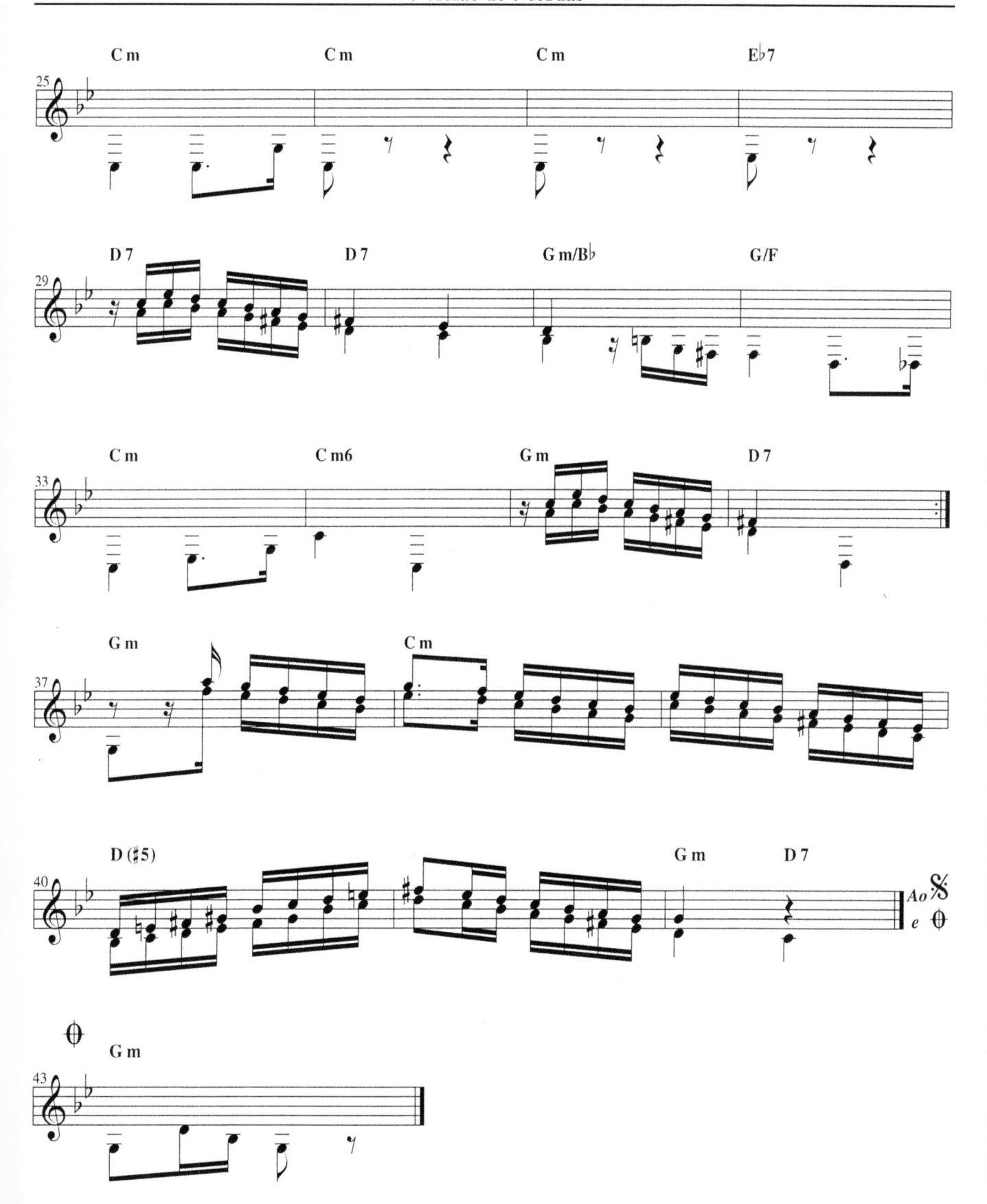

Brejeiro

Choro-lundu

Ernesto Nazareth

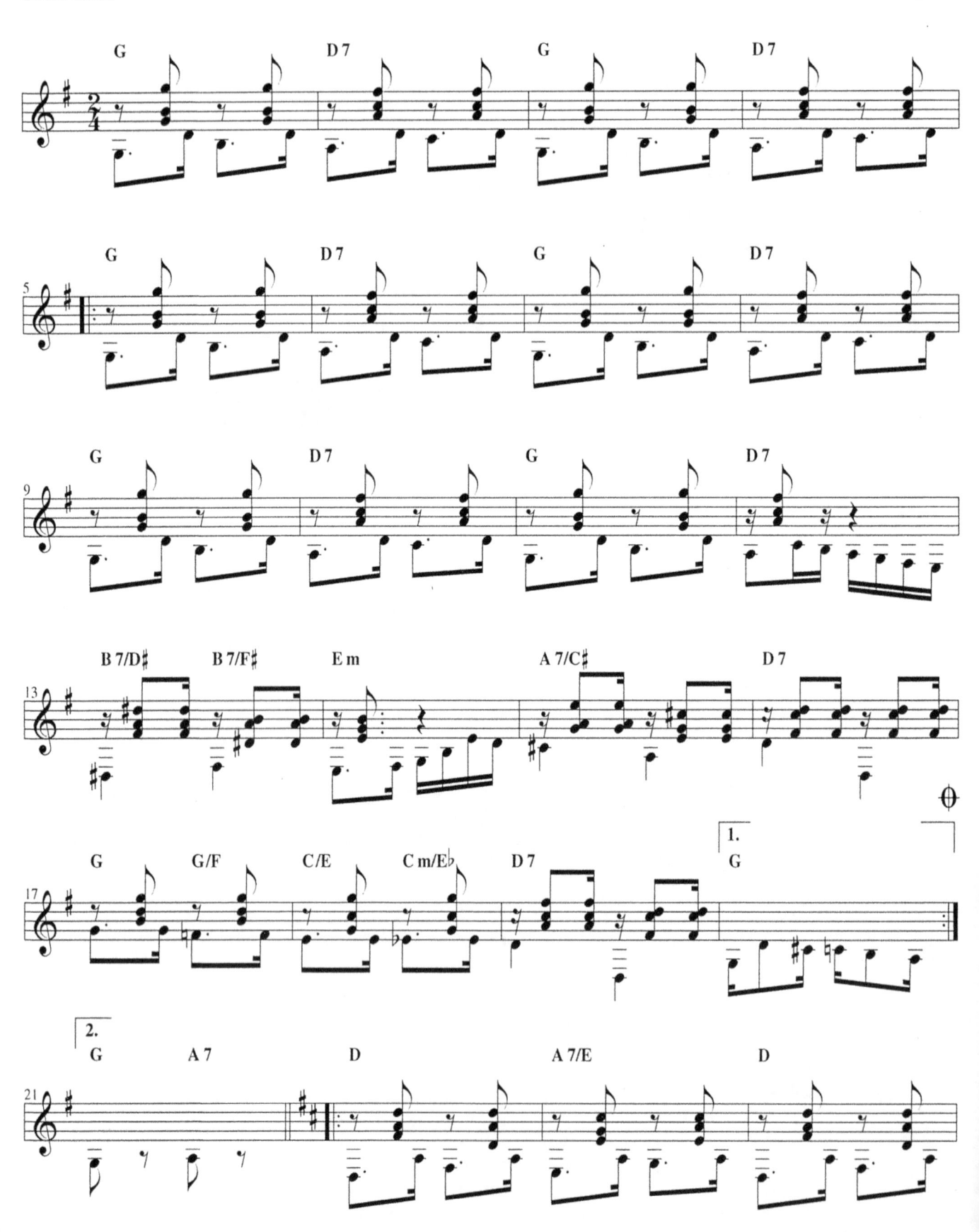

O Violão de 7 Cordas

Assim mesmo

Choro médio

Luiz Americano

bandolim

O Violão de 7 Cordas

73
G 6
G m6/B♭
D/A
B m
E 7/G♯
79
E/D
A 7/C♯
D m/A
B♭7M
B m7(♭5)
A 7/C♯
85
B♭
C 7
F
F♯°
G♯°
91
G m6
D/F♯
B m
E m
A 7/C♯
D
97
D m
G m/B♭
G m6
A 7/C♯
Pizz.
103
D m/F
D m
D 7/F♯
G m
E m7(♭5)
D m/F

O Violão de 7 Cordas

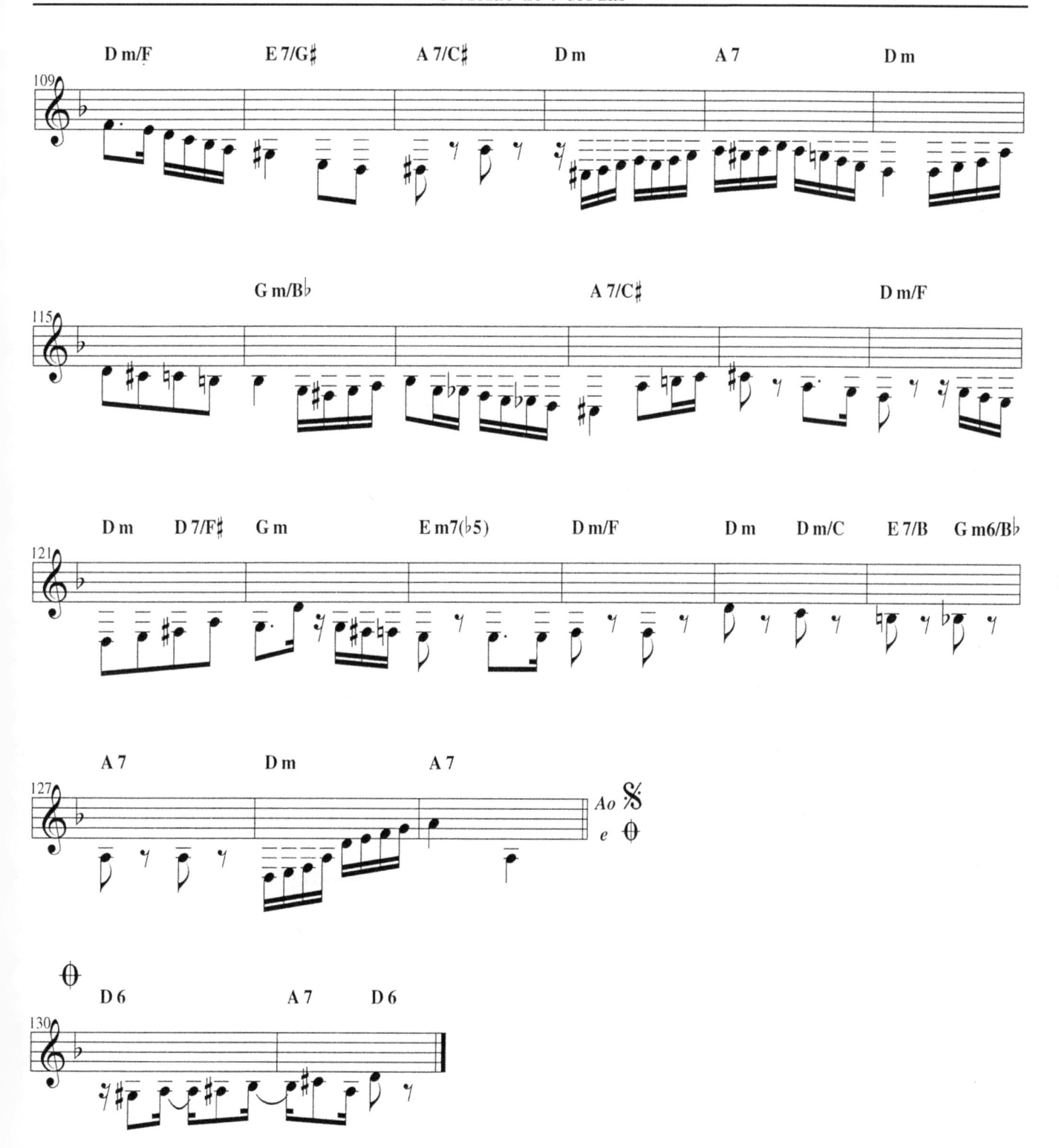

Interrogando

Jongo

Transcrição de Lucas M. Porto, baseado em Luiz Otávio Braga e em acompanhamento tradicional deste jongo de João T. Guimarães (João Pernambuco).

João T. Guimarães

O Violão de 7 Cordas

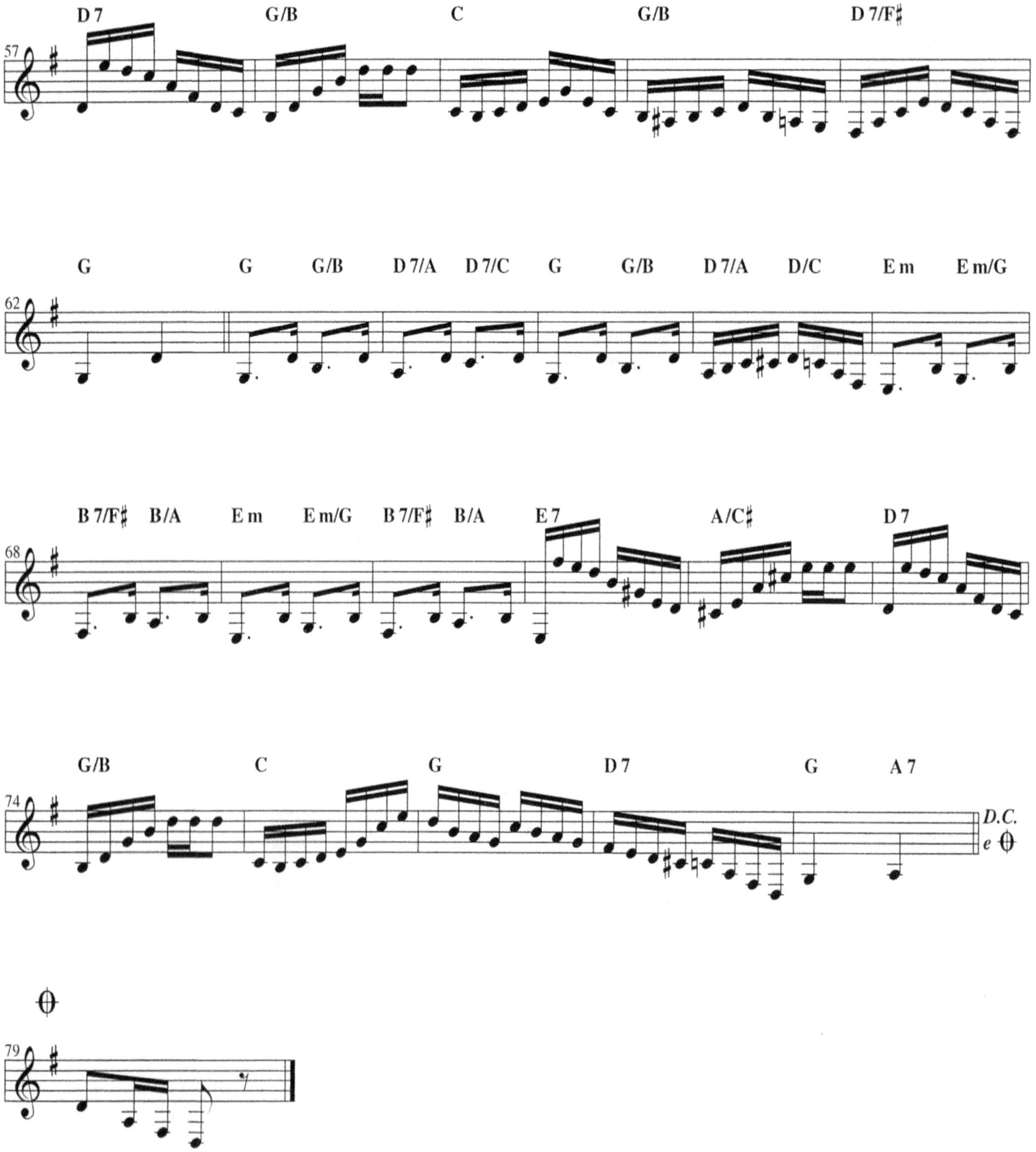
D 7 G/B C G/B D 7/F♯
G G G/B D 7/A D 7/C G G/B D 7/A D/C E m E m/G
B 7/F♯ B/A E m E m/G B 7/F♯ B/A E 7 A/C♯ D 7
G/B C G D 7 G A 7
D.C.
e

Um a zero

Choro vivo

Pixinguinha

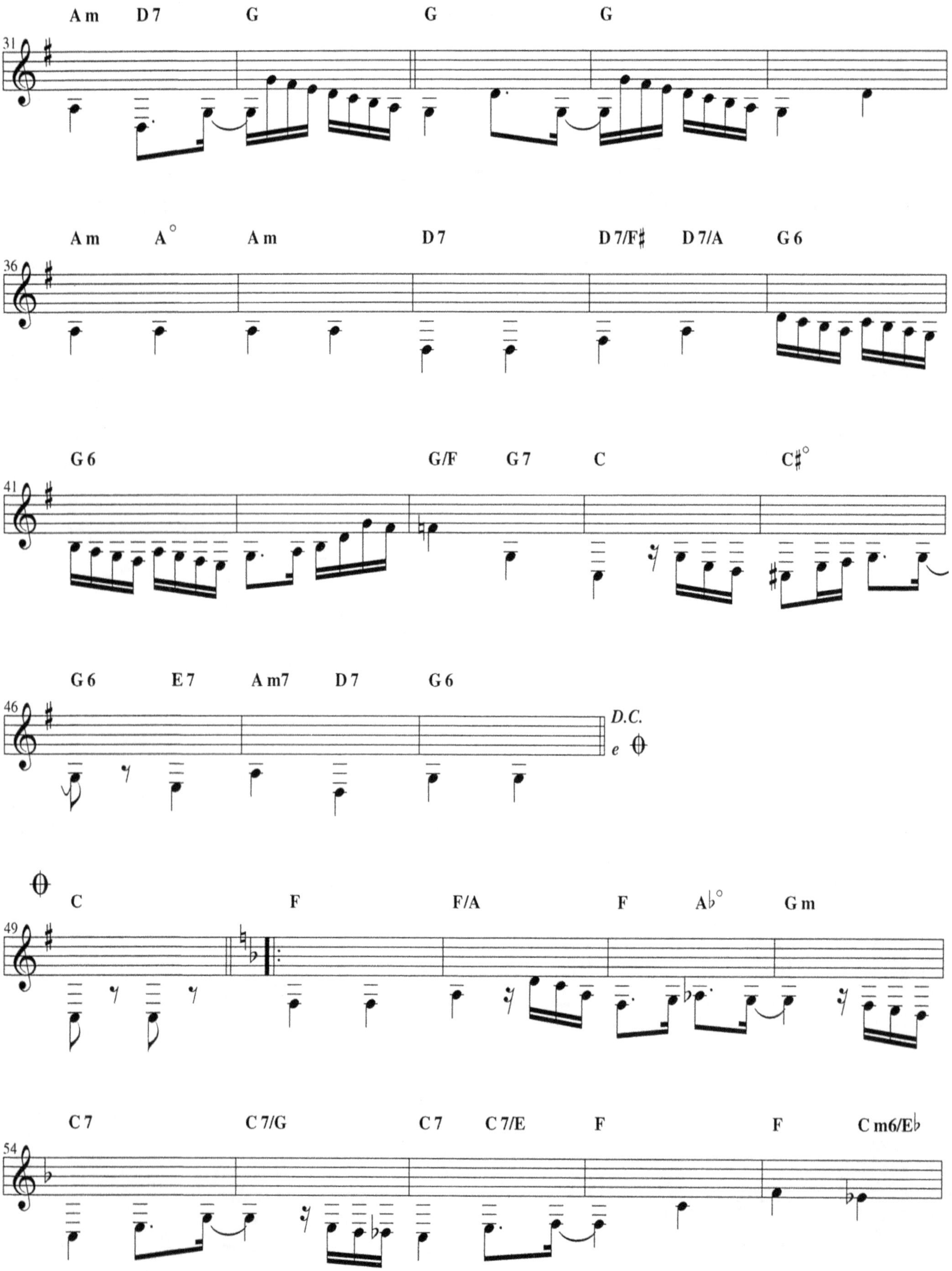
Am D7 G G G
Am A° Am D7 D7/F♯ D7/A G6
G6 G/F G7 C C♯°
G6 E7 Am7 D7 G6
D.C.
e
C F F/A F A♭° Gm
C7 C7/G C7 C7/E F F Cm6/E♭

O Violão de 7 Cordas

Rara inspiração

Arr.: Luiz Otávio Braga

Arlindo Ferreira (Arlindo Cachimbo)

Choro

O Violão de 7 Cordas

Feitiço da Vila

Samba

O estudante deverá completar o acompanhamento das seções restantes imitando o que foi realizado até o compasso 16.

Noel Rosa

O Violão de 7 Cordas

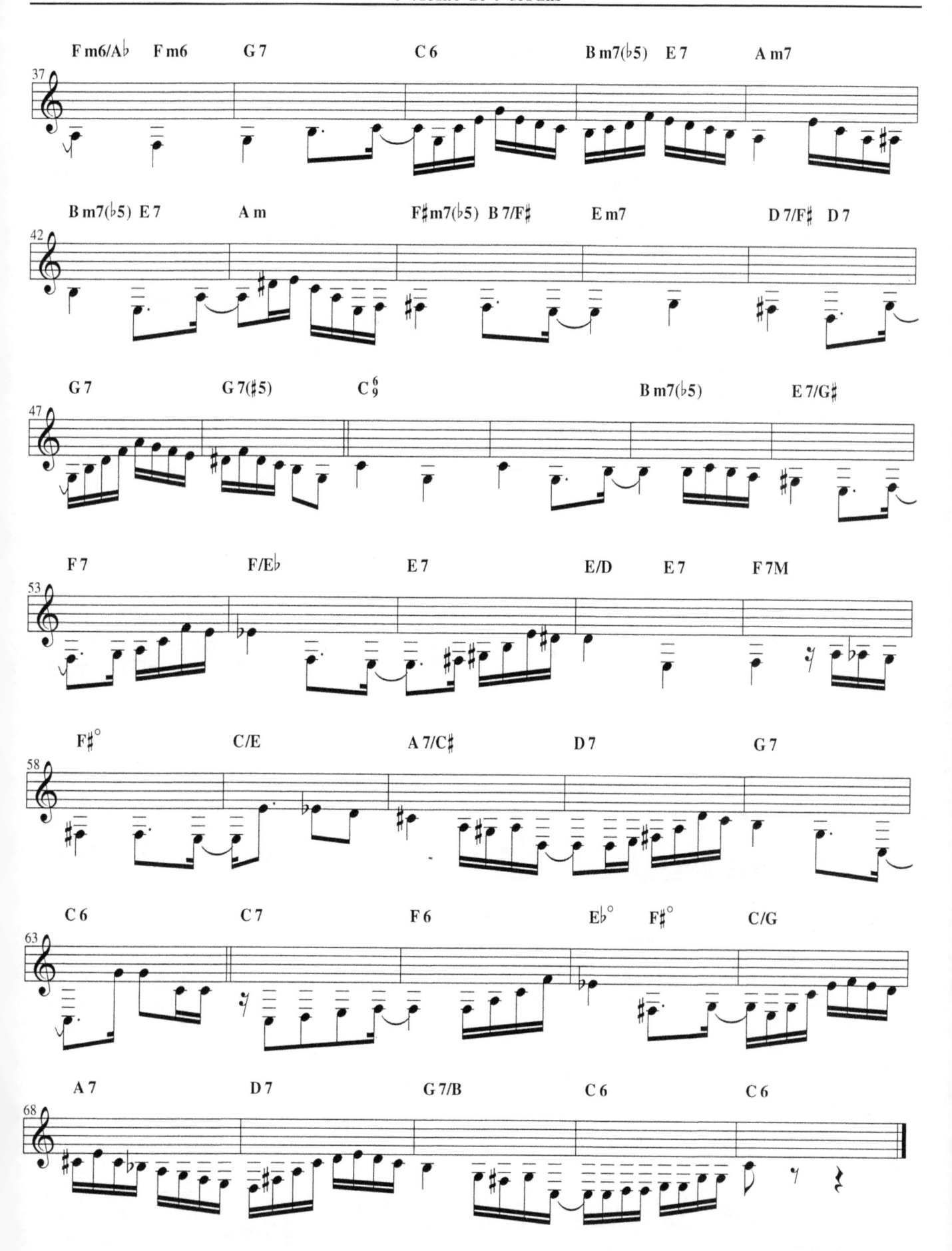

As rosas não falam

Samba-canção

Transcrição de Manuela Marinho, baseada na gravação original do autor, com Dino 7 Cordas ao violão.

Cartola

O Violão de 7 Cordas

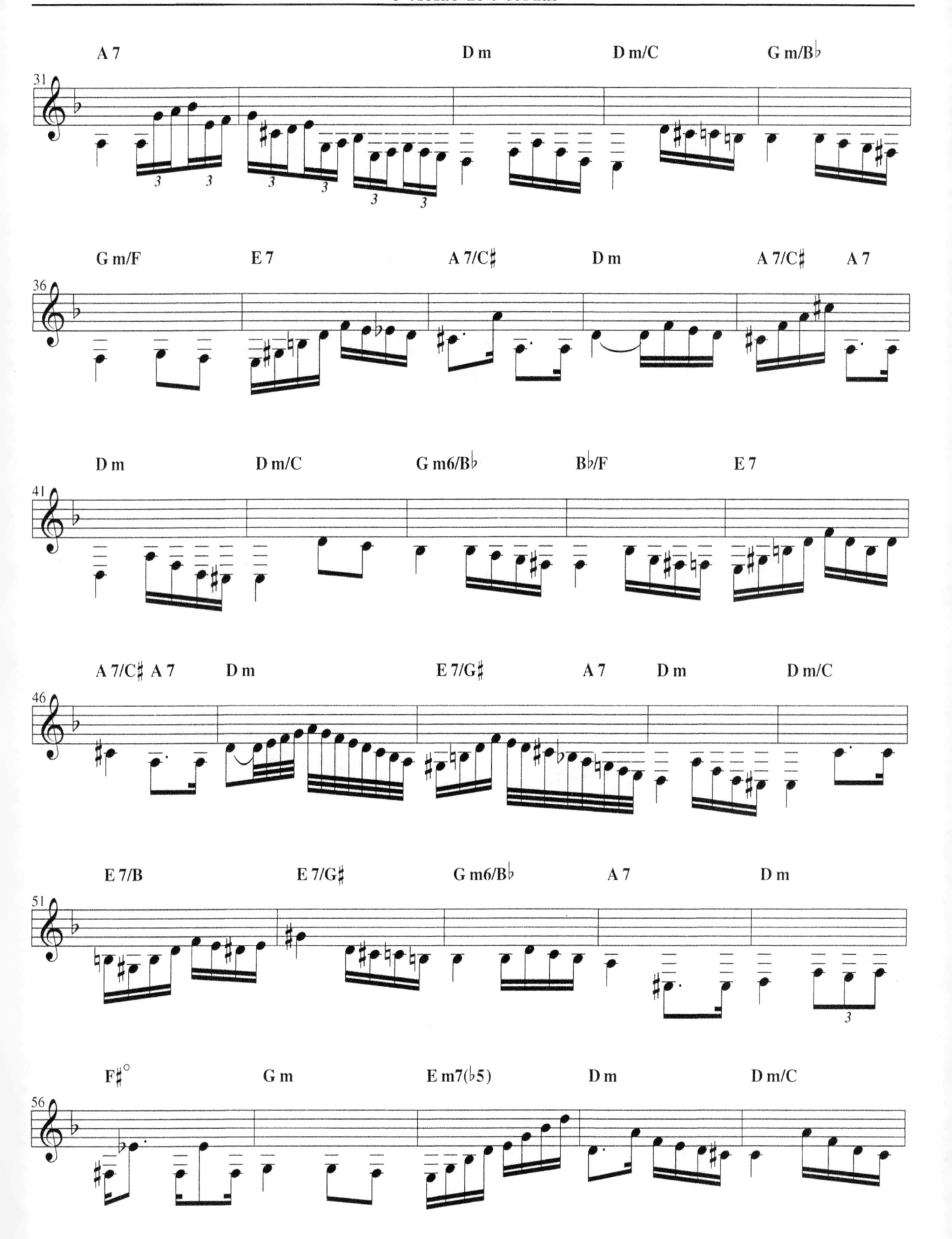

61
E 7/B
E/D
A 7
A 7
D m
66
D m/C
G m6/B♭
B♭/F
E 7
A 7/C♯
71
D m
A 7(♯5)
D m
D m/C
G m6/B♭
76
B♭/F
E 7
A 7/C♯ A 7
D m
D m

Festa da vinda

Transcrição de Franco Lannes, baseada em arranjo de Dino 7 Cordas.

Samba

Cartola

32
D m6
E 7/B
A m
A m/G
37
D m
G 7/B
C 6/9
A m
B m7(♭5)
42
E 7/G♯
A m
A m7
D m7
E 7
A m
48
G 7
C 6/9
A m7
D 7(9)
53
G♯ °(♭13)
E 7
A m
A m7
D m7
58
G 7
C 6/9
A m7
B m7(♭5)
E 7

O Violão de 7 Cordas

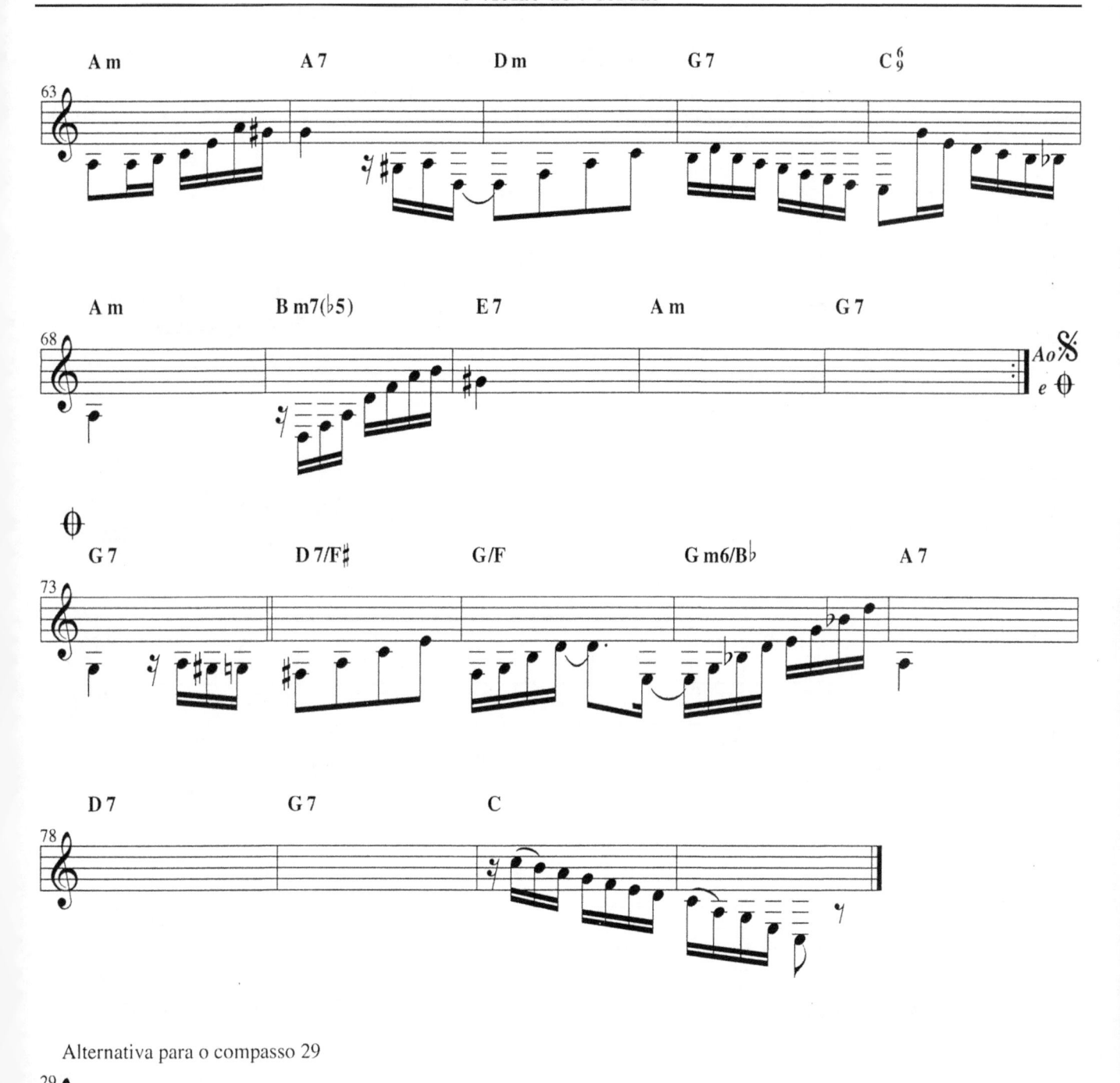

Alternativa para o compasso 29

Sala de recepção

Transcrição de Franco Lannes, baseada na gravação do autor em Discos Marcus Pereira, com Dino 7 Cordas ao violão e arranjo.

Samba

Cartola

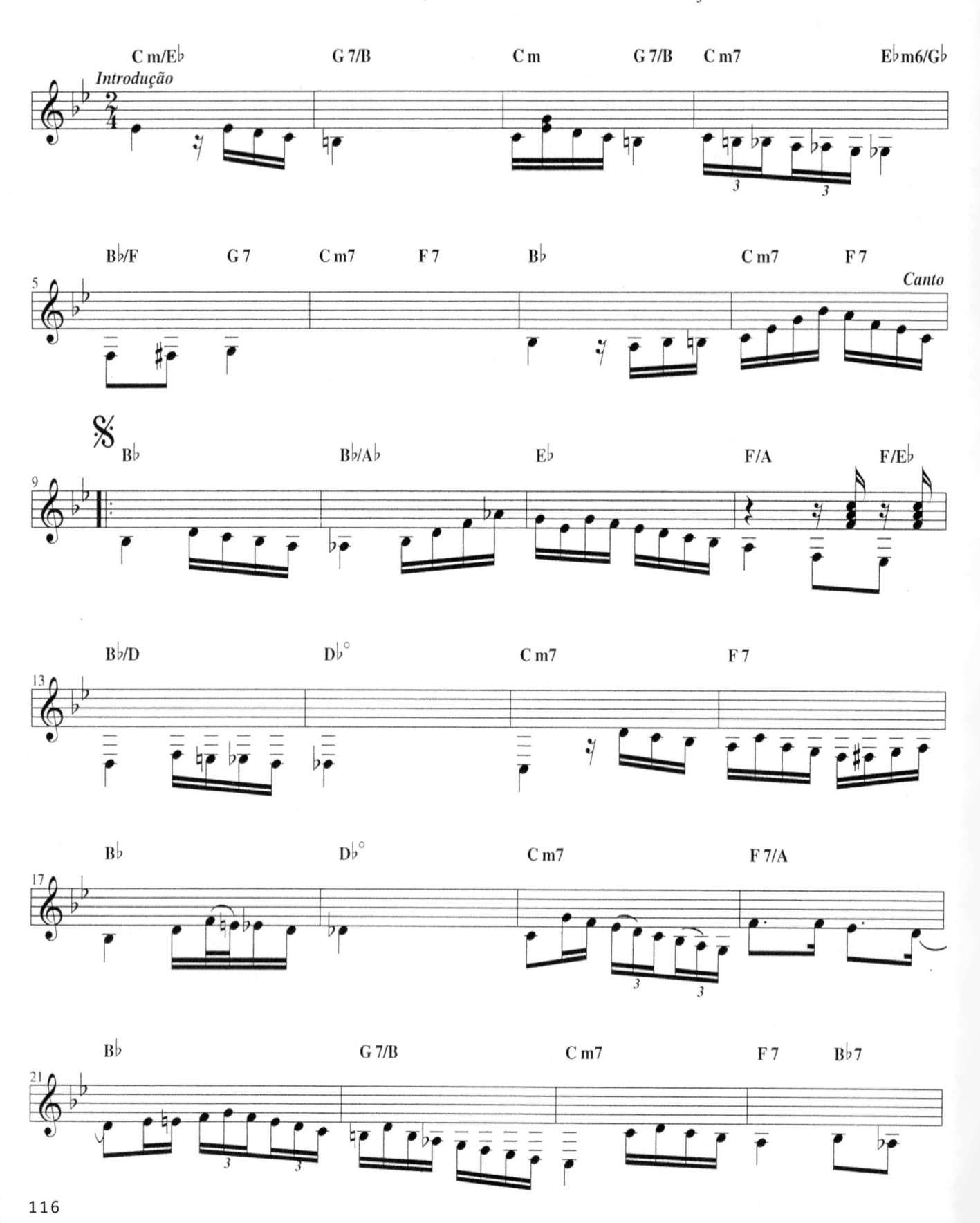

O Violão de 7 Cordas

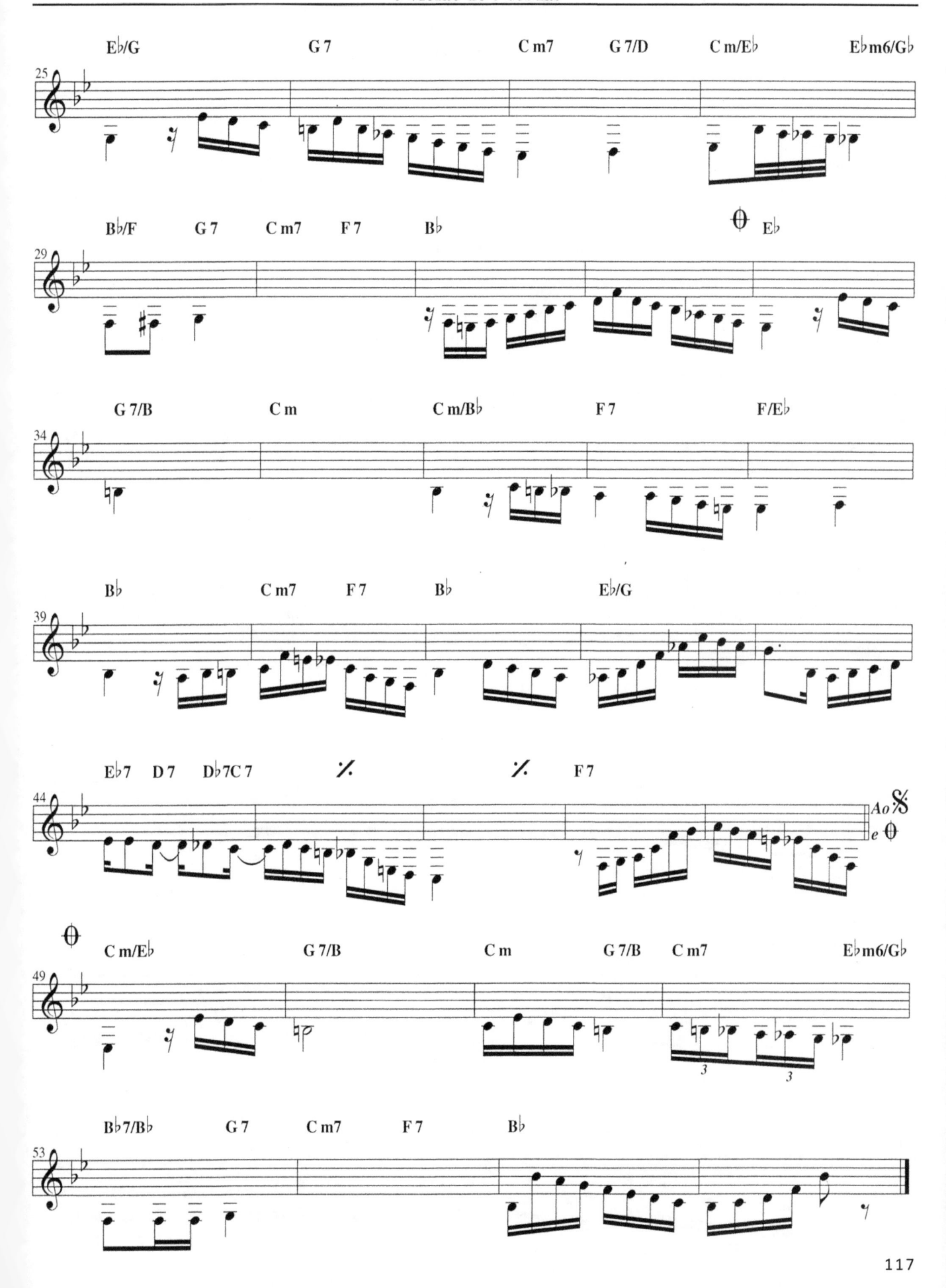

Que é feito de você

Transcrição de Lucas Marques Porto, com Dino 7 Cordas ao violão.

Samba

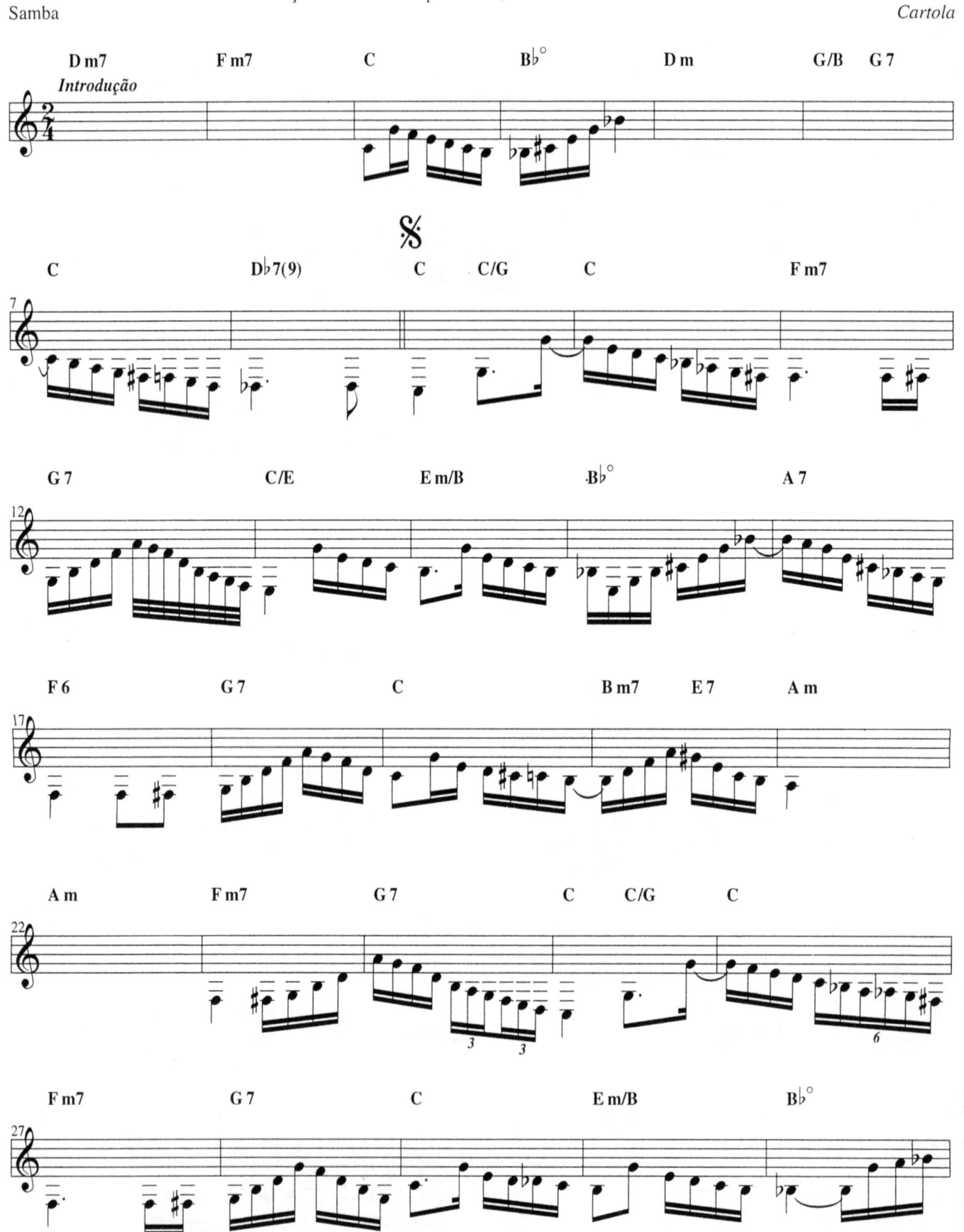

Cartola

O Violão de 7 Cordas

ANEXOS

ESCALAS MAIS USADAS NA MÚSICA URBANA BRASILEIRA

Tonalidades maiores: dó maior como modelo

A nota escura representa nota evitada e o til, a equivalência entre dois acordes.

C7M ~ C6 — Iônico: 1, T9, 3, 5, 6, 7M

Dm7 — Dórico: 1, T9, ♭3, T11, 5, 7

Em7 — Frígio: 1, ♭3, T11, 5, 7

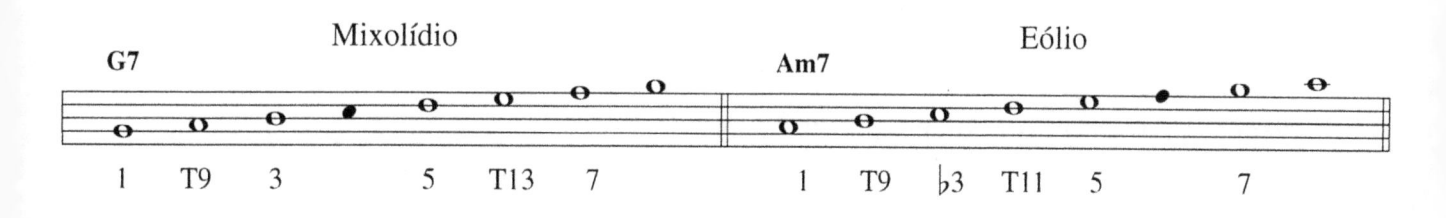

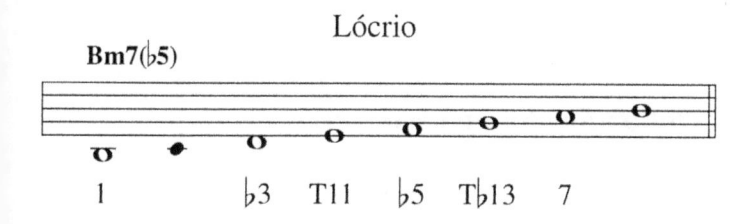

F7M ~ F6 — Lídio: 1, T9, 3, T♯11, 5, 6, 7M

G7 — Mixolídio: 1, T9, 3, 5, T13, 7

Am7 — Eólio: 1, T9, ♭3, T11, 5, 7

Bm7(♭5) — Lócrio: 1, ♭3, T11, ♭5, T♭13, 7

Dominantes secundárias

Pense na resolução para Dm harmônica fazendo "ré" nota evitada.

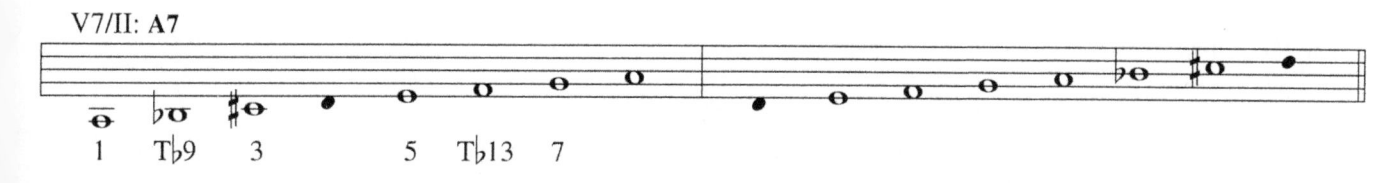

V7/II: A7 — 1, T♭9, 3, 5, T♭13, 7

Escala alterada, isto é, possui pelo menos uma alteração de quinta e outra de nona.

V7/III: B7

1   Tb9   T#9   3   Tb5   Tb13   7

C mixolídio

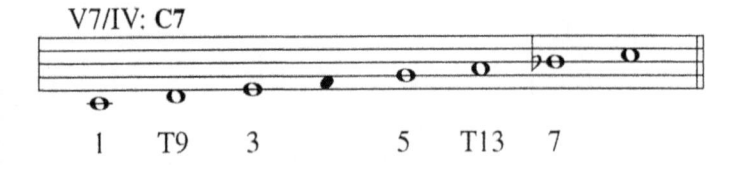

V7/IV: C7

1   T9   3   5   T13   7

D lídio 7ᵃm

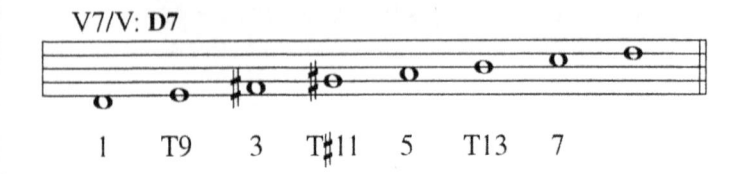

V7/V: D7

1   T9   3   T#11   5   T13   7

Pense na resolução para Am fazendo "lá" nota evitada.

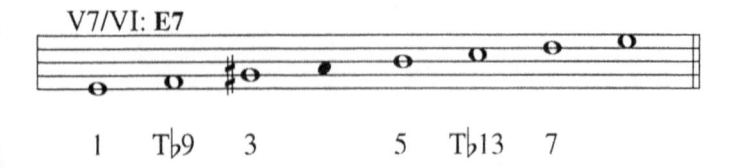

V7/VI: E7

1   Tb9   3   5   Tb13   7

Tom menor: relativo menor como modelo (no caso Am)

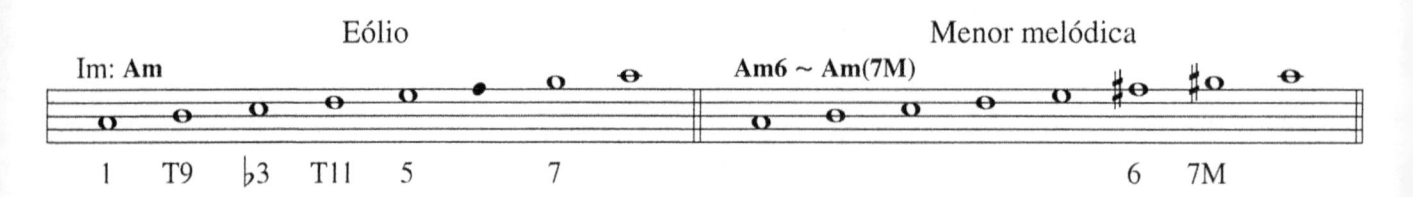

Eólio   Menor melódica

Im: Am   Am6 ~ Am(7M)

1   T9   b3   T11   5   7   6   7M

Lócrio

IIm7(b5): Bm7(b5)

1   b3   T11   b5   Tb13   7

O Violão de 7 Cordas

♭III: **C7M ~ C6**　　　　　　　　　　　**C7M(♯5)**

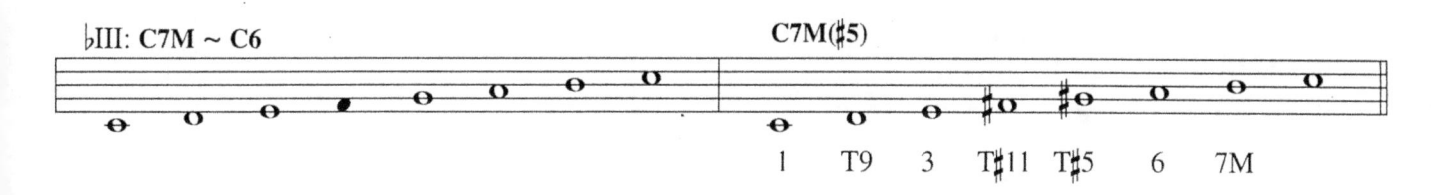

　　　　　　　　　　　　　　　1　T9　3　T♯11　T♯5　6　7M

　　　　　Dórico
IVm7: **Dm7**　　　　　　　**Dm6 ~ Dm(7M)**

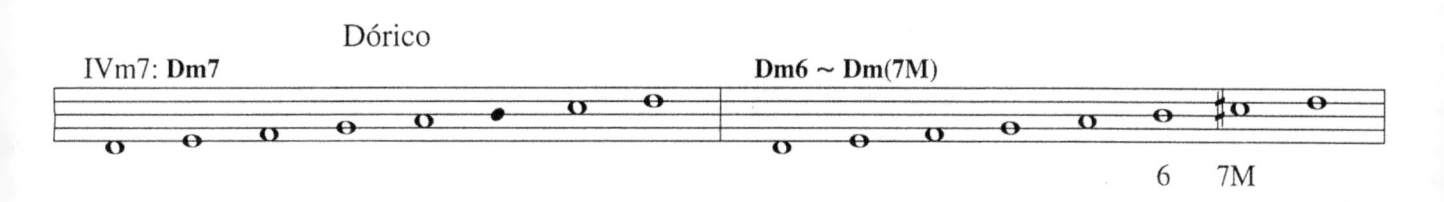

　　　　　　　　　　　　　　　　　　　　　　　6　7M

　　　　　Lídio 7ª
D7

1　T9　3　T♯11　5　T13　7

V7/I: **E7**　　　　　　　　　**E⁷₄**　　　Frígio

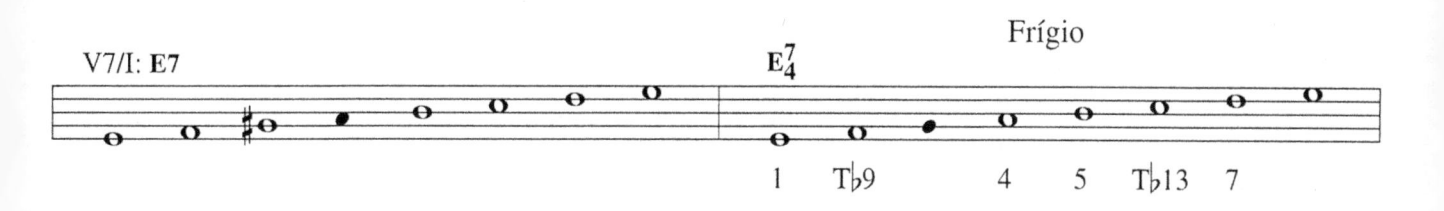

　　　　　　　　　　　　　1　T♭9　　4　5　T♭13　7

　　　　　Eólio
Em7

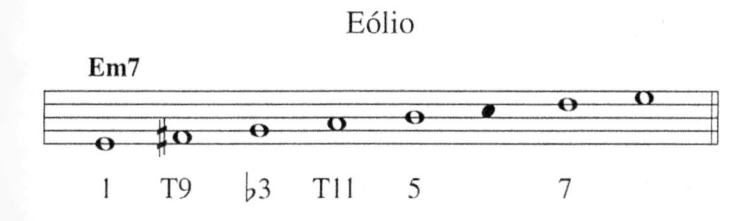

1　T9　♭3　T11　5　　7

　　　　Lídio　　　　　　　　　　　Mixolídio
♭VI: **F7M ~ F6**　　　　　　♭VII: **G7**

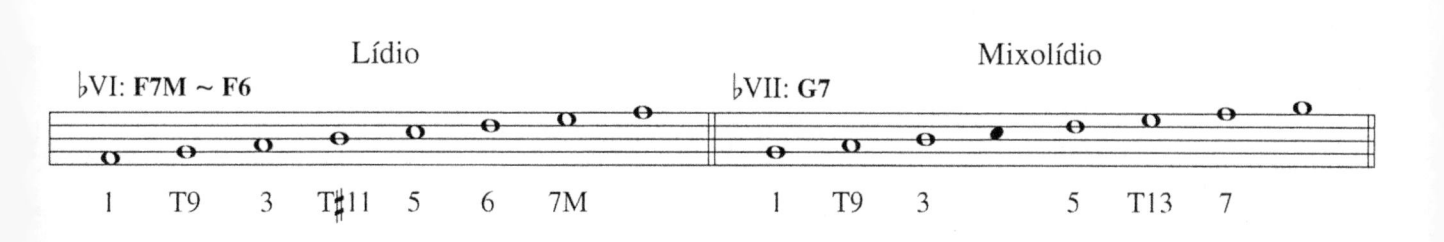

1　T9　3　T♯11　5　6　7M　　1　T9　3　　5　T13　7

VII dim: G#° — Am natural
1 b3 b5 Tb13 7dim 7M

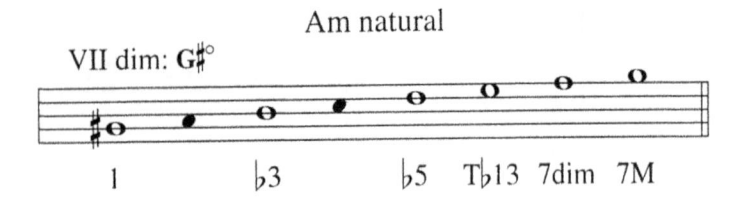

Dominantes secundárias no tom menor (no caso Am, relativo de C)

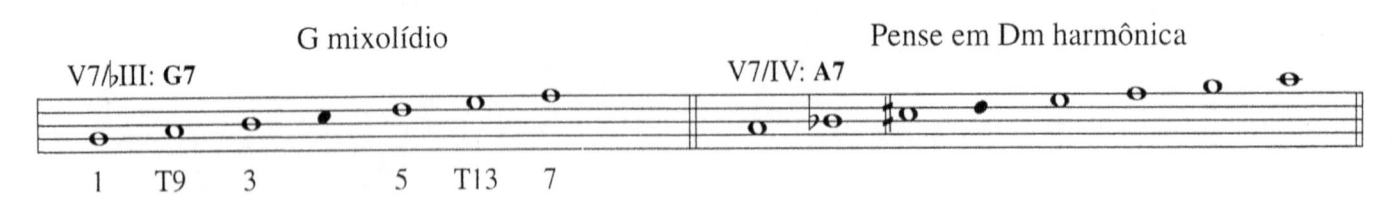

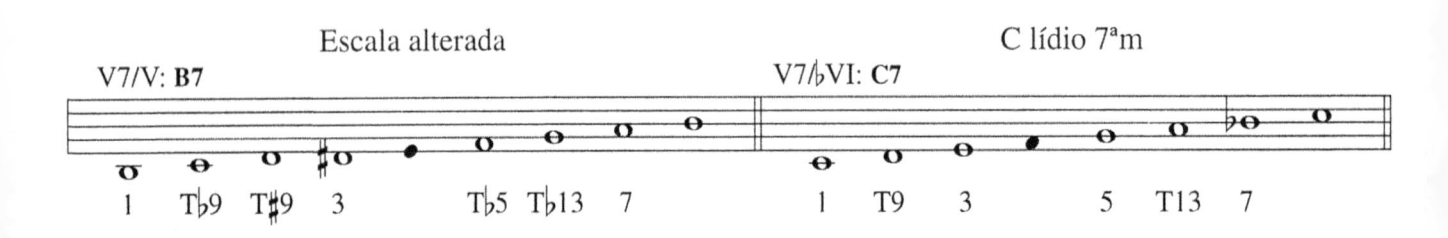

V7/bIII: G7 — G mixolídio
1 T9 3 5 T13 7

V7/IV: A7 — Pense em Dm harmônica

V7/V: B7 — Escala alterada
1 Tb9 T#9 3 Tb5 Tb13 7

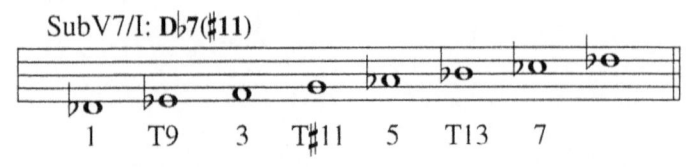

V7/bVI: C7 — C lídio 7ªm
1 T9 3 5 T13 7

V7/bVII: D7 — D lídio 7ªm
1 T9 3 T#11 5 T13 7

Dominantes substitutos (Sub V7) nos tons maiores

SubV7 (I); SubV7 (II); SubV7 (III); SubV7 (IV); SubV7 (V); SubV7 (VI), respectivamente: **Db7(#11); Eb7(#11); F7(#11); Gb7(#11); Ab7(#11); Bb7(#11)**. Usar escala lídio 7ª menor.

Exemplo:

SubV7/I: **Db7(#11)** — Db lídio 7ªm
1 T9 3 T#11 5 T13 7

Dominantes substitutos (Sub V7) nos tons menores

SubV7 (I); SubV7 (♭III); SubV7 (IV); SubV7 (V); SubV7 (♭VI); SubV7 (♭VII), respectivamente: **B♭7(♯11); D♭7(♯11); E♭7(♯11); F7(♯11); G♭7(♯11); A♭7(♯11)**. Usar escala lídio 7ª menor.

Exemplo:

SubV7/I: B♭7(♯11) — B♭ lídio 7ªm

1   T9   3   T♯11   5   T13   7

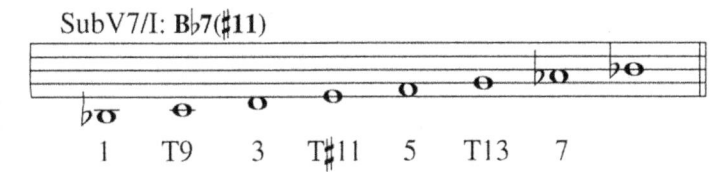

IIm7 e IIm7(♭5)

No encadeamento IIm7 - V7 ou IIm7(♭5) - V7, por exemplo, **Dm7 - G7** ou **Dm7(♭5) - G7**, usa-se o modo dórico (D dórico no primeiro caso) e lócrio (D lócrio no segundo caso). Analogamente se nos encadeamentos, em vez de V7, têm-se seus SubV7 respectivos.

Exemplo:

Dm7 — Dórico
1   T9   ♭3   T11   5   7

Dm7(♭5) — Lócrio
1   T9   ♭3   T11   ♭5   T♭13   7

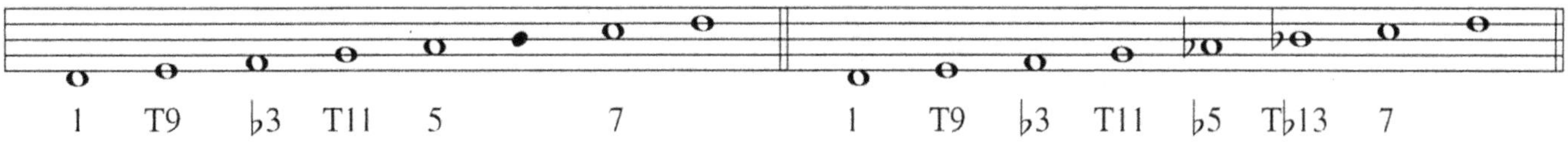

Acordes diminutos em tom maior

Usar escala diminuta para as ocorrências freqüentes de ♯I dim; ♯II dim; III dim; ♯IV dim; ♯V dim; ♯VI dim e VII dim, respectivamente: **C♯°; D♯°; E°; F♯°; G♯°; A♯°; B°**. Modelando em dó maior, não esqueça.

Exemplo:

♯I dim: C♯°

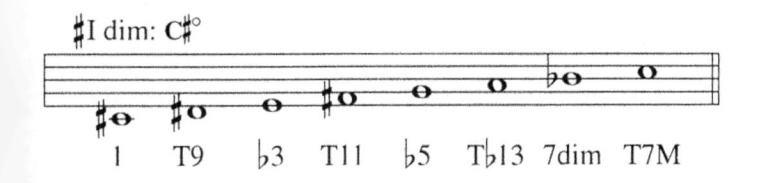

1   T9   ♭3   T11   ♭5   T♭13   7dim   T7M

Acordes diminutos em tom menor

Usar escala diminuta para as ocorrências freqüentes de II dim; III dim; ♯IV dim; e escala menor natural semitom acima para VII dim, isto é: **D°**, **E°**, **F♯°** com suas respectivas escalas diminutas, e em **B°**, estando-se em lá menor, construir, semitom acima da fundamental "si", a escala Cm natural.

VII dim: **B°**

1   ♭3   ♭5   T♭13   7dim   T7M

Acorde m7(♭5) (meio-diminuto)

As escalas sugeridas são lócrio ou lócrio 9ª maior. Nos tons maiores: IIm7(♭5) (lócrio 9ªM); IIIm7(♭5); ♯IVm7(♭5) e VIIm7(♭5) usam o lócrio trivial (♭9 evitada).

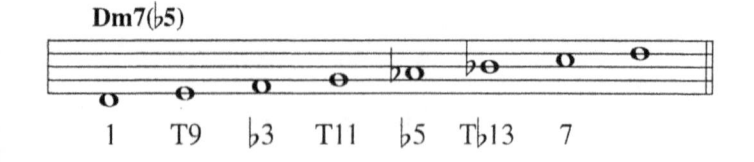

Dm7(♭5)

1   T9   ♭3   T11   ♭5   T♭13   7

Nos tons menores: lócrio trivial em IIm7(♭5) e lócrio 9ªM em VIm7(♭5). Assim, em lá menor, por exemplo, **Bm7(♭5)** é trivial e em **F♯m7(♭5)** usa-se o lócrio 9ª maior.

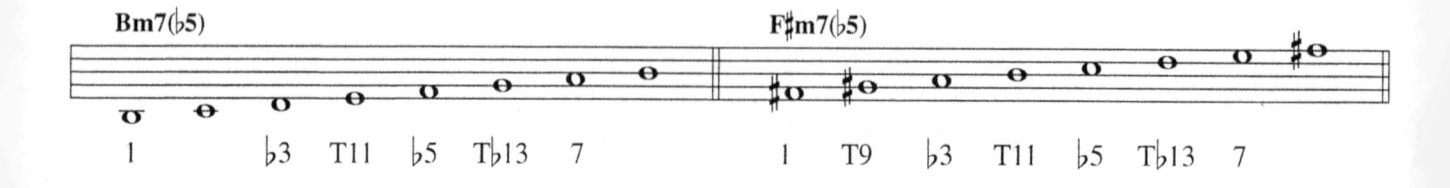

Bm7(♭5)

1   ♭3   T11   ♭5   T♭13   7

F♯m7(♭5)

1   T9   ♭3   T11   ♭5   T♭13   7

Improvise na seguinte progressão:

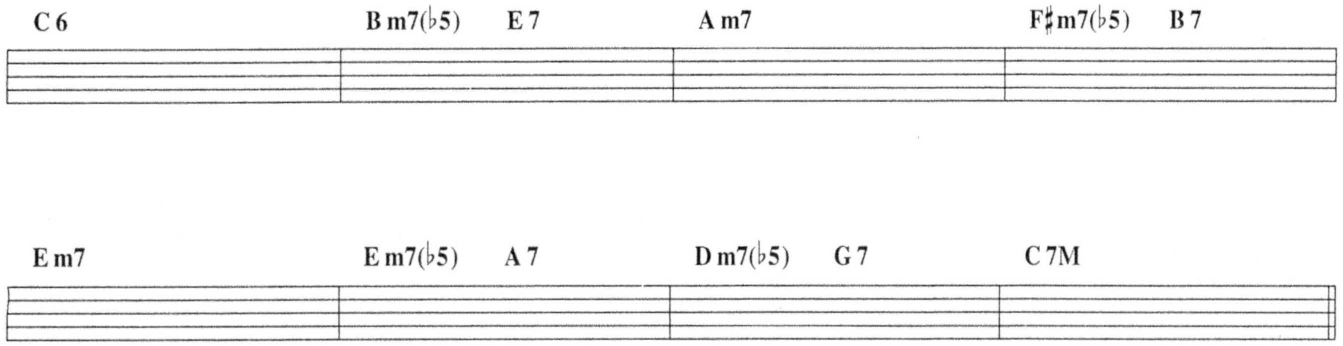

| C 6 | | B m7(♭5)   E 7 | A m7 | F♯m7(♭5)   B 7 |

| E m7 | E m7(♭5)   A 7 | D m7(♭5)   G 7 | C 7M |

Acordes dominantes sem função dominante nos tons maiores

São o I7; II7; IV7; ♭VI7; ♭VII7; VII7. As escalas sugeridas estão sobre o modo lídio 7ªm, exceto VII7, que se sugere usar o mixolídio.

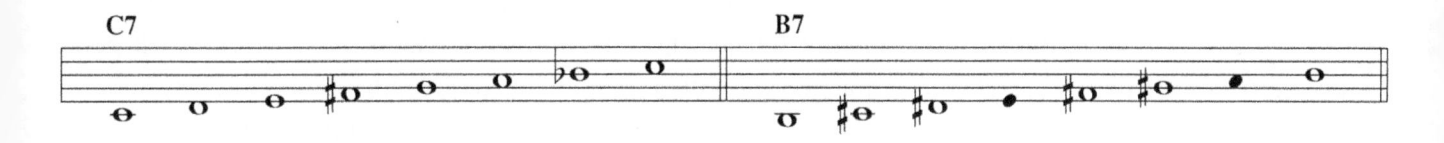

[Exemplo musical: C7 e B7]

Acordes dominantes sem função dominante nos tons menores

São o IV7; ♭VI7; ♭VII7. Sugere-se lídio 7ªm para as duas primeiras e mixolídio para a última.

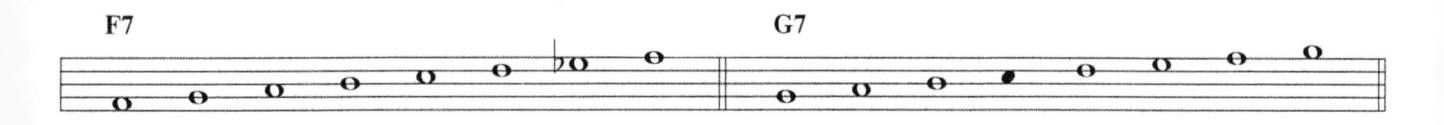

[Exemplo musical: F7 e G7]

Acordes de empréstimo modal estando-se no tom maior

Im7 (eólio); Im6~I7M (menor melódica); ♭II7M; ♭III7M; ♭VI7M; ♭VII7M; ♭VII7 (lídio); IVm7 (dórico); IVm6~IV7M (menor melódica); Vm7 (dórico) e IIm7(♭5) (lócrio 9ªM).

Exemplo:

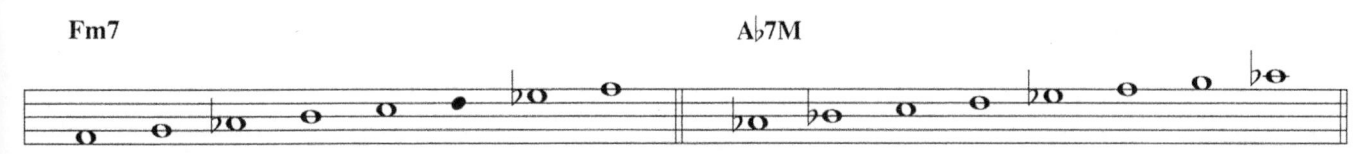

[Exemplo musical: Fm7 e A♭7M]

Acordes de empréstimo modal estando-se no tom menor

I7M~I6 (iônico); ♭II7M ~ ♭II6 (lídio); IIIm7 (frígio); VIm7 (eólio).

Exemplo:

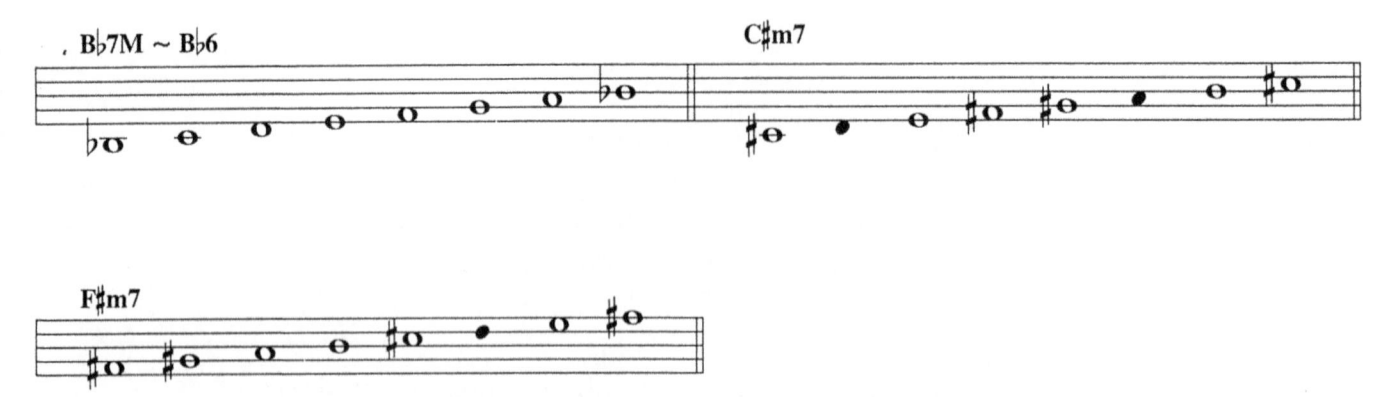

É importante lembrar que a escala de acorde diz respeito à análise do acorde na tonalidade do trecho em que se está e, mormente, ao estilo musical no qual se está tocando. No mais, a cifra pode inventariar tensões ou não, cabendo ao músico a escolha delas para incrementar o som de um acorde. Notas componentes (1, 3, 5, 7...) e notas acessórias (passagens, bordaduras, escapadas etc.) ajudam muito na escolha da escala. Apure o seu solfejo.

Finalmente, tais escalas não são, portanto, únicas, ainda que num mesmo contexto musical; no entanto, são as que mais vemos empregadas, constituindo-se, pois, em *ocorrências freqüentes* na moderna música urbana do Brasil.

Para um estudo mais completo, ver *Arranjo, método prático,* do professor Ian Guest, da Lumiar Editora.

PERFIS IMEDIATOS PARA ACORDES NO VIOLÃO DE SETE CORDAS

Observações gerais:

Os perfis para o violão comum de seis cordas aplicam-se imediatamente ao de sete cordas;

Os perfis contidos nas páginas seguintes dão conta do repertório do Choro tradicional, bem como do samba e demais gêneros;

Por via de regra o estudante deve tentar adaptar os acordes que já conhece no violão de seis cordas, partindo do princípio de pesquisa da possibilidade de colocar o bordão mais grave do acorde sobre a sétima corda. O perfil gerado deve ser da ordem de simplicidade que encontramos ao fazer acordes no violão de seis cordas. Desconfie de um perfil muito aberto ou difícil de realizar. Imagine as situações de encadeamento; lembre-se também que o Choro e o samba são gêneros que demandam grande mobilidade de mão esquerda;

Sugiro que os alunos que estão migrando para o sete cordas principiem por executar no sete cordas toda a prática que já tem no seis cordas, sem se preocupar em utilizar de imediato a sétima corda. É, talvez, a maneira mais rápida de se acostumar com "aquela corda a mais". Sugiro também, para isso, que, nos primeiros dias, abdiquem um pouco do uso do seis cordas;

A cifragem aqui usada está em concordância com a sistemática usada nos Songbooks da Lumiar Editora, de Almir Chediak. Os perfis são lidos a partir da nota mais grave. Para os acordes no estado fundamental, a leitura é imediata. Para os acordes invertidos, diz-se o tipo, a partir do numerador da "fração-cifra", ajuntando-se então a leitura da nota que está no baixo, isto é, no denominador da "fração-cifra". Ex.: **E7** é "mi maior com sétima", subentendendo-se a sétima menor. Já **E7/G♯** é "mi maior com sétima e o baixo em sol sustenido". O numerador da "fração" pressupõe o acorde mi maior como um todo e o denominador, **a nota** que figura no bordão mais grave do perfil;

Quero lembrar que as quatro notas a mais (dó, dó♯, ré, ré♯) deverão ser entendidas, afinal de contas, como notas **graves** de extensão. Estão musicalmente na mesma medida expressiva que as **notas pedais** de extensões graves de instrumentos como o trombone, a tuba etc.;

Finalmente, os perfis dados aqui de maneira intencionalmente econômica representam, no entanto, material inicial capaz de fundamentar a execução de acompanhamentos ao violão de sete cordas. Na verdade, este caminho fundamentou não somente a minha, mas a prática de muitos bons instrumentistas de sete cordas no país.

Maiores	Maiores 3ª no baixo	Maiores 5ª no baixo

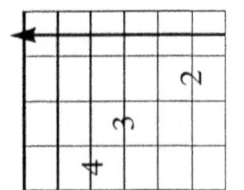

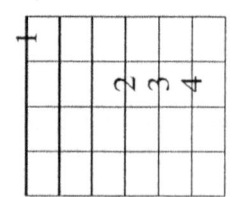

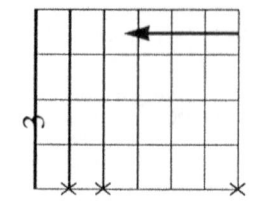

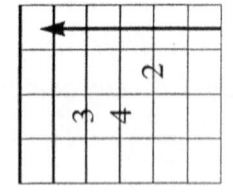

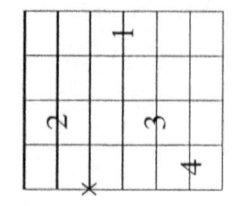

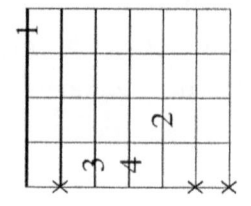

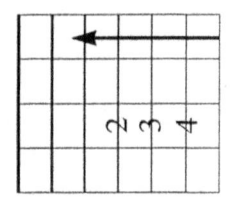

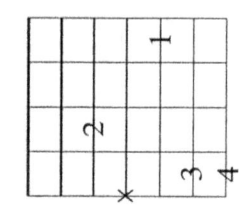

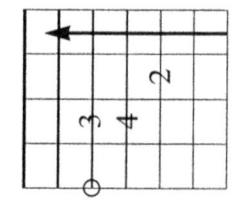

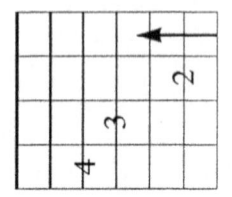

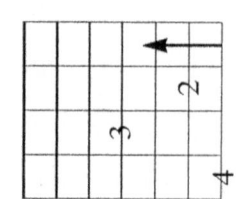

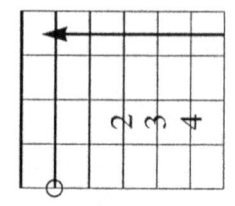

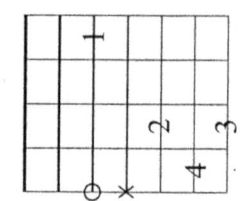

O Violão de 7 Cordas

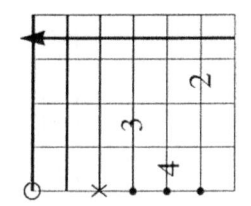

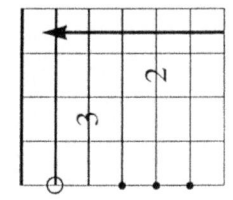

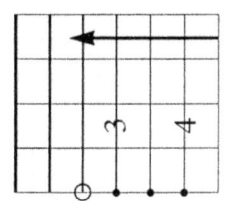

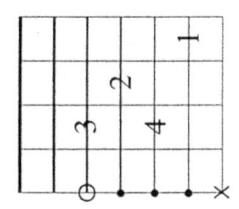

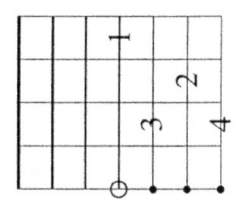

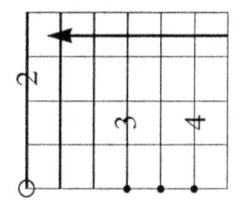

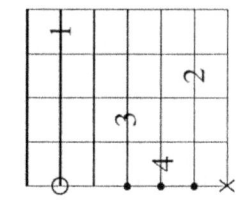

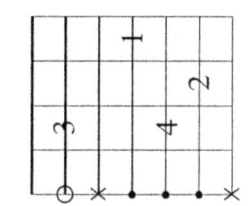

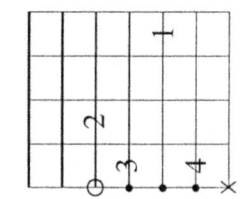

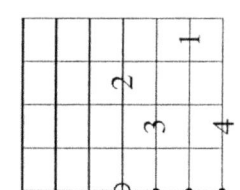

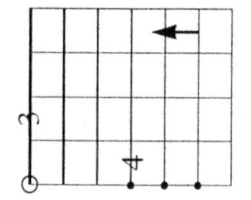

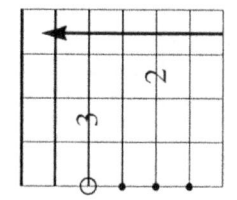

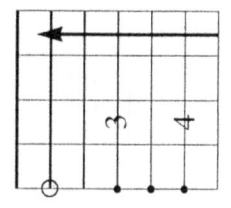

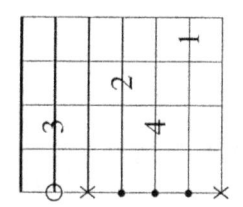

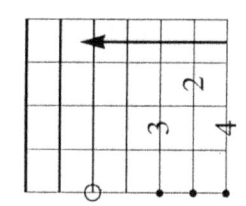

| Maiores com 7ª | Maiores 7ª c/ 3ª no baixo | Maiores 7ª c/ 5ª no baixo |

| Maiores com 7ª no baixo | Menores | Menores com 3ª no baixo |

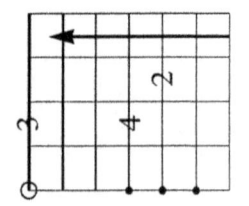

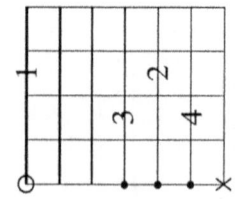

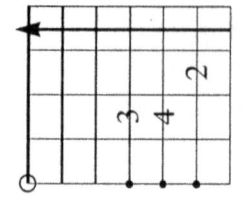

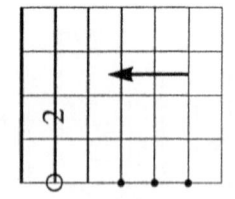

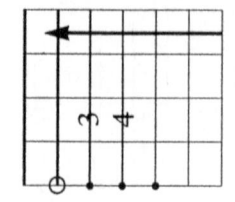

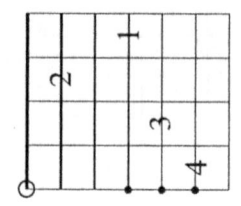

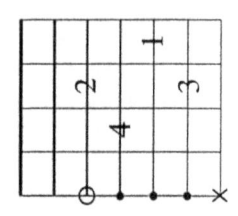

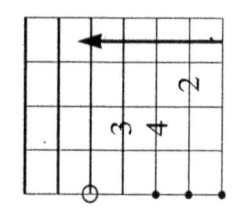

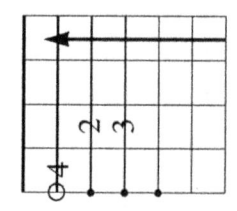

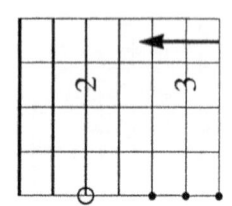

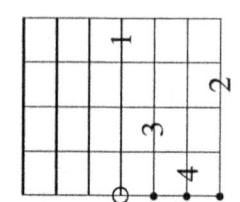

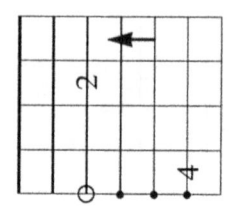

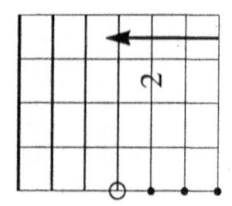

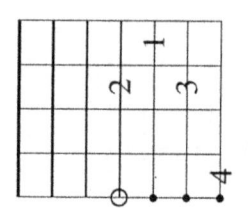

O Violão de 7 Cordas

Menores com 5ª no baixo	Menores com 7ª	Menores 7ª c/ 3ª no baixo

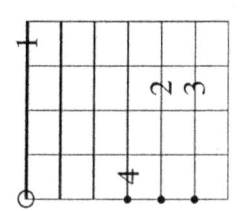

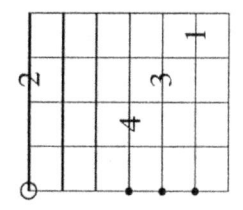

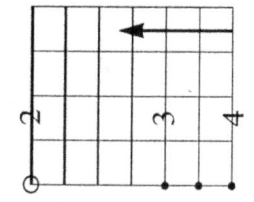

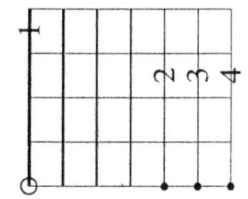

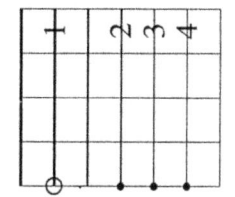

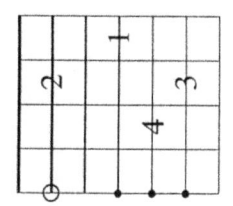

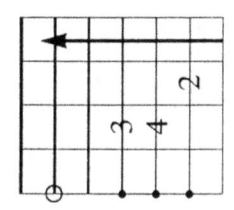

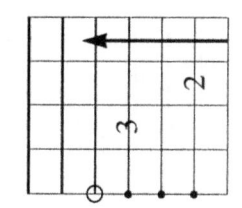

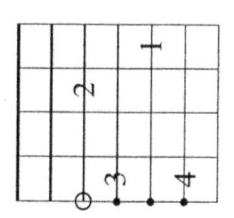

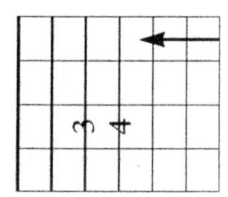

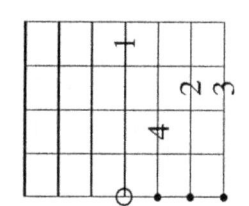

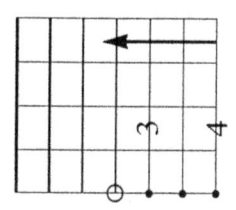

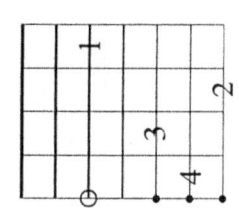

Menores 7ª c/ 5ª no baixo	Menores com 7ª no baixo	Diminutos

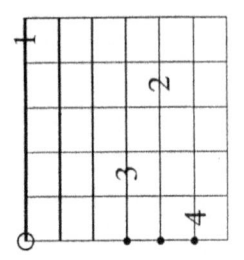

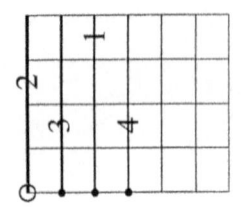

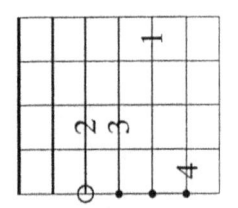

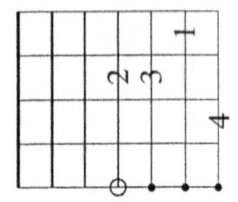

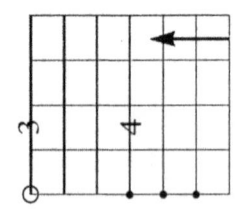

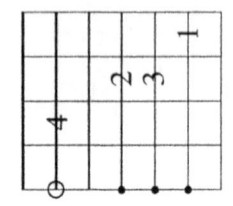

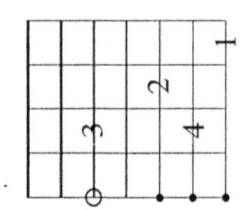

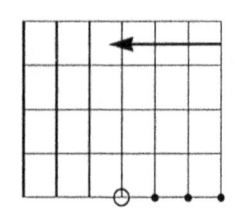

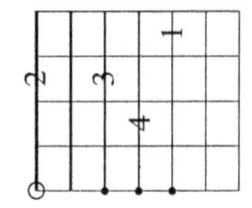

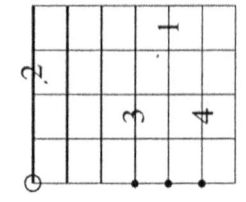

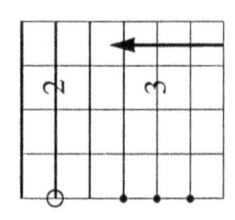

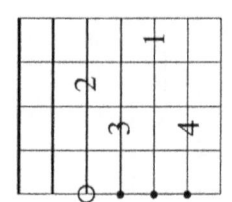

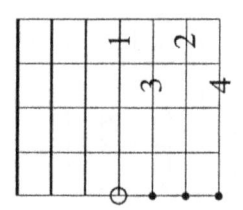

O Violão de 7 Cordas

| Meio-diminutos | Maiores com 6ª | Maiores 6ª c/ 3ª no baixo |

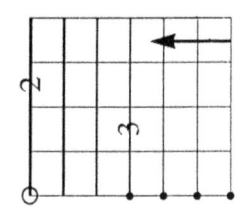

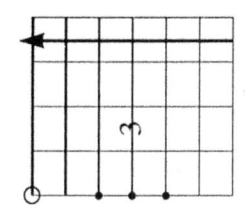

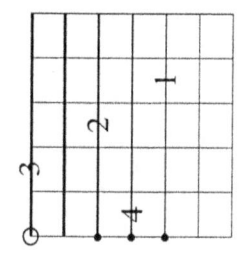

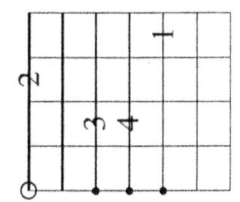

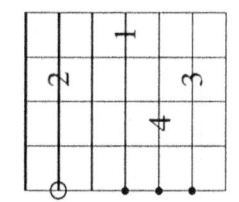

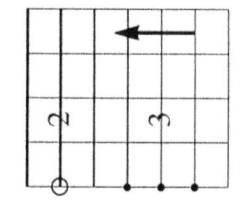

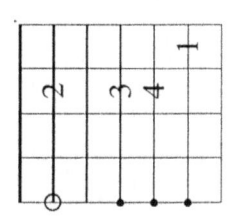

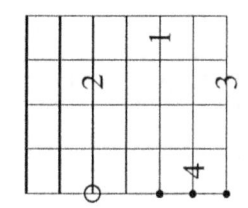

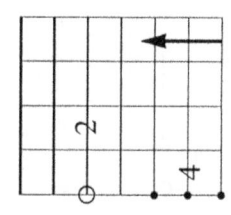

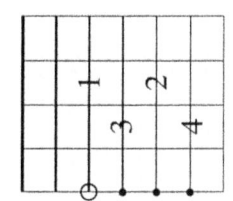

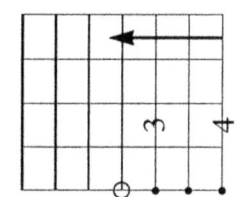

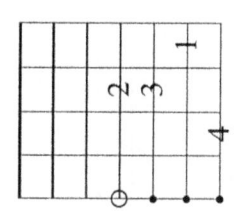

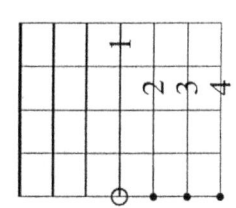

Menores com 6ª	Menores 6ª c/ 3ª no baixo	Maiores 7ª e 9ª

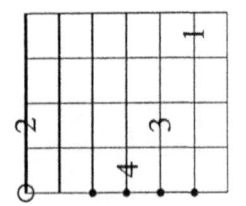

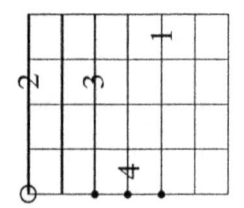

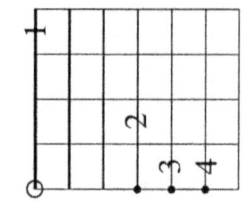

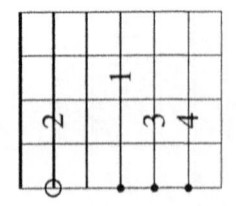

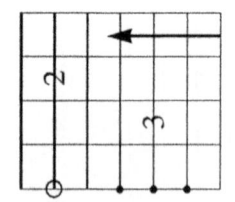

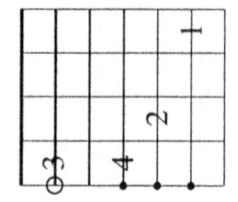

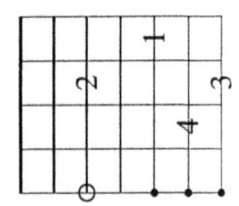

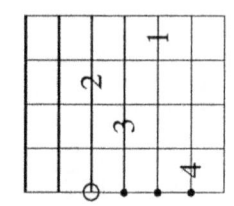

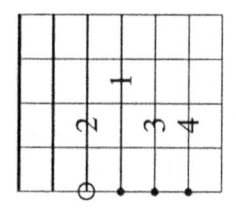

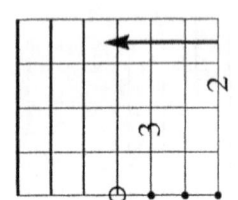

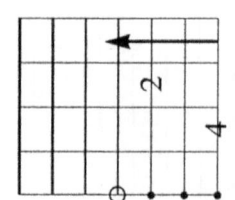

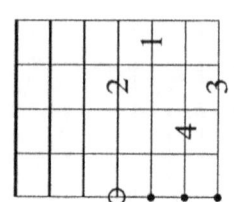

Menores 7ª e 9ª

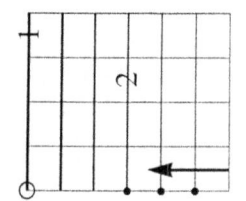

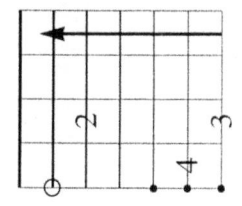

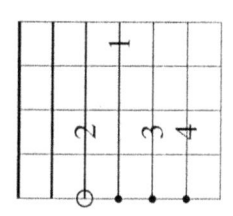

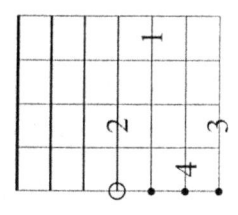